AF346667

ORDONNANCE

DE LOUIS XIV.

ROY DE FRANCE ET DE NAVARRE,

Sur le fait des Entrées, Aydes & autres droits.

Donnée à Fontainebleau au mois de Iuin 1680.

Regiſtrée en la Cour des Aydes le 21. Juin 1680.

A PARIS,

De l'Imprimerie de FRANÇOIS MUGUET, Imprimeur ordinaire
du Roy, ruë de la Harpe, aux trois Rois.

MDCLXXX.

Avec Privilege de ſa Majeſté.

ORDONNANCE

DE LOUIS XIV.

ROY DE FRANCE ET DE NAVARRE,

Sur le fait des Entrées, Aydes & autres droits.

OUIS par la grace de Dieu Roy de France & de Navarre: A tous prefens & avenir, SALUT. Nous nous fommes expliquez dans nos Lettres patentes en forme d'Edit pour nos Gabelles, des juftes motifs qui nous ont porté à regler les maximes & les droits de toutes nos Fermes ; le defir que nous avons eu de faire recüeillir à nos fujets le fruit d'un fi grand travail, qui concilie & réünit en un Corps d'Ordonnance une infinité de Reglemens difperfez, & la plufpart contraires les uns aux autres, nous a obligé de rendre public ce qui concerne nos Gabelles , fans attendre que l'Ouvrage entier pour toutes nos Fermes eut efté achevé, & dautant que nous avons bien voulu donner les mefmes foins pour nos autres Fermes , dont nos fujets pourront recevoir un plus grand foulagement; particulierement pour celles de nos droits d'Entrée & d'Aydes, il eft jufte qu'ils profitent fans retardement de la fuite de noftre application. A CES CAUSES, de l'avis de noftre Confeil, & de noftre certaine fcience , pleine puiffance & authorité Royale, Nous avons dit , déclaré & ordonné , difons , declarons & ordonnons, Voulons & nous plaift, ce qui enfuit.

DROITS D'ENTRÉE

DANS LA VILLE ET FAUXBOURGS
de Paris, fur le Vin & autres boiſſons.

TITRE PREMIER.

*Des droits d'Entr e d ns la Ville & Fauxbourgs
de Paris fur le vin & autres boiſſons.*

ARTICLE PREMIER.

NOs droits d'Entrée y compris les deux ſols,
& les huit ſols de l'ancien & du nouveau
barrage, les quarante-cinq ſols des Rivieres, les cinq
ſols du Bureau des Pauvres, les vingt ſols de l'Hô-
pital General, & l'augmentation, feront levez ſous
le ſeul nom de droits d'Entrée, à raiſon de dix huit
livres pour chacun muid de vin entrant par eau, &
quinze livres pour chacun muid de vin entrant par
terre ; vingt quatre livres pour chacun muid de vin
Muſcat, Cioutat, Condrieu, d'Arbois, Eſpagne, &
autre vin de liqueur, tant par eau que par terre ; &
deux ſols pour chacun muid de Verjus, & pour les
autres vaiſſeaux à proportion, le tout meſuré de Paris, en ce non compris nos droits de Gros.

II.

Sera levé ſur chacun muid de vin gaſté, entrant

B

par eau trois livres , & sur chacun muid de vin gasté entrant par terre sept sols, à quoy nous avons liquidé les quarante cinq sols des Rivieres, les cinq sols du Barrage , & l'augmentation.

I I I.

Ne sera faite aucune déduction pour le vin & les autres boissons que les Voituriers par eau & par terre ameneront pour leur provision & celle de leur équipage : Voulons que le droit en soit payé, mesme des futailles entamées à proportion de ce qui en restera.

I V.

La déduction pour les lies, coulages & remplages, sera faite aux Marchands & aux Bourgeois pour le vin qui entrera par eau, à raison d'un muid sur chaque fois vingt-un muids, sans qu'elle ait lieu pour le vin qui entrera par terre, ny pour les autres boissons qui entreront tant par eau que par terre.

V.

Ne sera faite aucune déduction à proportion pour la quantité estant au dessous de vingt-un muids , ny pour celle qui excedera les vingt-un muids , si elle ne compose un autre nombre de vingt-un muids.

V I.

Voulons que déduction soit faite au profit des Jurez Vendeurs d'un muid pour chacun nombre de vingt-un muids qui se trouvera dans un mesme bateau, lorsqu'ils se chargeront sur le Registre des Entrées de la totalité du vin estant dans le bateau, encore que le nombre des muids appartenant à chacun

Marchand en particulier fuſt au deſſous de celuy de vingt-un muids.

TITRE DEUXIE'ME.

Des droits d'Entrée ſur les Vendanges.

ARTICLE PREMIER.

LEs mêmes droits ſeront levez ſur les vendanges, tant celles qui ſont amenées des Paroiſſes voiſines, que celles qui ſont recüeillies hors les barrieres dans l'étenduë des Paroiſſes de la Ville & des Fauxbourgs de Paris, à raiſon de deux muids de vin pour trois de vendanges ; ſi mieux n'aime le Fermier de nos droits les lever dans les Fauxbourgs ſur le vin, aprés qu'il y aura eſté entonné ; & ſeront nos droits payés à l'égard du vin ſur le pied des inventaires, qui ne pourront eſtre faits qu'une fois l'année aprés les vendanges, & à l'égard des vendanges ſur les procés verbaux qui en ſeront faits par les Commis, & en cas que nos droits ayent eſté payez pour les vendanges, ils ne ſeront payez une ſeconde fois pour le vin.

I I.

Seront auſſi levez les mêmes droits ſur les vendanges recüeillies dans les Fauxbourgs au dedans des barrieres, même dans les clos & jardins, pourveu & non autrement qu'elles ſoient tranſportées en la Ville, mais ſi elles ſont converties en vin dans les

Fauxbourgs où elles ont efté recüeillies par les proprietaires y demeurans, elles ne feront fujettes à nos
droits, pourveu que le vin qui en proviendra y foit
confommé par eux en leur maifon d'habitation ; &
nos droits d'entrée feront payez feulement de ce
qui en fera vendu en détail dans les Fauxbourgs,
ou entré dans la Ville.

I I I.

Permettons au Fermier de nos droits & à fes Commis de fe tranfporter dans les Maifons des Fauxbourgs occupées par les Bourgeois qui auront recüeilly du vin au delà ou en deçà des barrieres, &
d'y faire les vifites toutes les fois que bon leur femblera, & fans qu'ils foient tenus de prendre aucune permiffion en Juftice : Et neanmoins, il ne fera
procedé à l'ouverture des caves & des celliers , fur
le refus de les ouvrir, finon deux voifins prefens ou
deuëment appellez.

TITRE TROISIE'M·E.

Des droits d'Entrée dans le Fauxbourg de la Conference.

ARTICLE PREMIER.

NOus avons fixé nos droits d'entrée fur chacun muid de vin , qui fera recüeilly fur le territoire de Chaliot, à prefent Fauxbourg de la Conference, à la fomme de fix livres, & fur les vendanges à proportion, comme deffus , foit que le vin & les
vendanges

vendanges appartiennent aux Habitans du Fauxbourg, & aux Habitans de noſtre bonne Ville, & des
autres Fauxbourgs de Paris, ou à ceux des Paroiſſes
voiſines; & ſeront les droits payez ainſi qu'il eſt ordonné par l'Article premier du Titre precedent; leur
défendons de tranſporter les vendanges hors la Paroiſſe de Chaliot, que nos droits ne ſoient acquittez,
ou qu'ils n'ayent un congé du Fermier ou de ſes
Commis, à peine de confiſcation.

I I.

Voulons que le ſurplus de nos droits d'entrée,
déduction faite des ſix livres, ſoit payé, lorſque le
vin du crû de Chaliot ſera tranſporté en noſtre bonne Ville, ou dans les autres Fauxbourgs de Paris;
& en cas qu'il ſoit vendu en détail dans le Fauxbourg de la Conference, il ſera payé ſix livres cinq
ſols ſeulement pour chaque muid, outre les ſix livres
portez par l'Article precedent, & ſans diminution
de nos droits pour la vente en détail.

I I I.

Et quant au vin qui ne ſera du crû du territoire
de Chaliot, enſemble pour les autres liqueurs, boiſſons & vendanges, qui entreront par eau & par terre, les droits ſeront payez comme dans les autres
Fauxbourgs.

I V.

Maintenons les Religieux Minimes de Chaliot
dans l'exemption de nos droits d'entrée pour le vin
de leur crû ſeulement, les Religieuſes de ſainte
Marie pour quinze muids, & le Curé de la Paroiſſe

C

pour dix muids de vin qu'ils recüeilleront, ou feront venir pour leur provifion feulement; & en cas qu'ils en vendent, feront les droits d'entrée de ce qui aura efté vendu payez en leur entier.

TITRE QUATRIE'ME.

Des Entrepos & du Barillage.

Article Premier.

DEfendons à tous nos Sujets de tenir des magafins & étape de vin, plus prés que de trois lieuës de noftre bonne Ville & Fauxbourgs de Paris, à compter des extremitez des Fauxbourgs, à peine de confifcation du vin, & de cent livres d'amende: Pourront les Hofteliers, Taverniers & Cabaretiers, tenir dans leur maifon telle quantité de vin que bon leur femblera, en le declarant aux Commis; leur défendons de le vendre en gros fur pareille peine de confifcation & amende, qui feront acquifes au Fermier de nos droits d'entrée de Paris.

II.

Le vin deftiné pour noftre bonne Ville de Paris & les Fauxbourgs, ne pourra eftre déchargé ailleurs, & les bateaux ne pourront eftre allegez qu'en le declarant aux Commis du plus prochain Bureau dépendant de nos Entrées de Paris, qui en feront mention fur les Lettres de Voiture, le tout à peine de confifcation, & de cent livres d'amende.

III.

Défendons à toutes perſonnes ſur les meſmes peines de faire arriver du vin en bouteilles, cruches,
barils, ny en vaiſſeaux moindres que muids, demy-
muids, quarts & huitiémes, en ce non compris le
vin de liqueur venant en caiſſe : Permettons aux
Commis & Gardes d'arréter & d'empriſonner en vertu des preſentes ceux qui s'en trouveront ſaiſis, dont
ils dreſſeront leur procés verbal : Faiſons défenſes à
noſtre Cour des Aydes, & à tous autres Juges de les
mettre hors des priſons, ny de leur donner proviſion
de leur perſonne, qu'en payant l'amende. Voulons
qu'en cas de recidive, il ſoit procedé contr'eux extraordinairement ; Declarons les bouteilles, cruches, barils, & autres pareils vaiſſeaux confiſquez
en vertu des preſentes ſur le procés verbal des Commis, ſans qu'il ſoit beſoin d'aucun jugement, ſauf
aux Particuliers à ſe pourvoir contre le procés verbal par les voyes de droit, ſans retardation du payement de l'amende, & de la confiſcation.

IV.

Faiſons pareilles défenſes aux Proprietaires & Lo-
cataires des marais & jardins, d'ouvrir & faciliter le
paſſage à ceux qui en feront chargez, à peine de cinq
cent livres d'amende ; Et aux Soldats de nos Gardes
Françoiſes & Suiſſes, & à tous autres de les eſcor-
ter, à peine de punition corporelle s'il y échoit : Enjoignons à leurs Capitaines & au Prevoſt des Bandes
de les arréter, à peine de répondre en leur nom de la
confiſcation & de l'amende, & d'y eſtre contraints

par saisie de leur solde & appointemens entre les mains des Receveurs & Payeurs.

V.

Enjoignons aux Particuliers qui ont des maisons & des jardins à l'extremité des Fauxbourgs d'en faire murer les ouvertures sur la campagne quinze jours aprés la publication des presentes, sinon permettons au Fermier de nos Droits de les faire fermer, & d'en avancer les frais, au remboursement desquels seront les Proprietaires contraints sur les simples Quittances des Ouvriers par preference à tous autres creanciers; & en cas de contestation, nous en attribuons la connoissance aux Elûs en premiere instance, & par appel à nostre Cour des Aydes.

V I.

Défendons de vendre vin en gros dans les trois lieuës des environs de nostre bonne Ville de Paris, en vaisseaux moindres que muids, demy-muids, ou quarts de muids ; & aux Vendans vin en détail d'avoir du vin en bouteilles, cruches, ou barils dans leurs maisons, le tout sur peine de confiscation, & de cent livres d'amende.

V I I.

Ne pourront les habitans des Paroisses de la Banlieuë vendre en des maisons détachées du corps des Paroisses de leur domicile aucun vin d'achat tant en gros que détail, ny le vin de leur crû en détail, ny avoir des caves dans les Fauxbourgs, le tout à peine de confiscation du vin qui y sera trouvé, & de cent livres d'amende.

V I I I.

V I I I.

Défendons à ceux qui ont des maisons aux extremitez des Entrées au delà des Barrieres, d'y faire aucun commerce & debit de vin, ny d'avoir des caves dans le Fauxbourg, en deçà des mesmes Barrieres, pour y vendre ou faire vendre vin en gros & en détail. Leur défendons aussi de faire conduire leur vin dans les maisons, cours & caves de leurs voisins, aux Charetiers de l'y mener, aux Tonneliers de l'y encaver, & aux voisins de l'y recevoir, à peine de confiscation, & de cent livres d'amende.

I X.

Leur faisons pareilles défenses sur pareille peine de faire entrer leur vin dans leur maison, ou de le décharger devant la porte que les Voituriers n'ayent fait leur declaration au Bureau, representé le vin, exhibé les Lettres de voiture, laissé l'un des doubles aux Commis, & fait viser l'autre, & qu'ils n'ayent fait marquer les futailles : Et à cet effet, pourront les Commis y faire leur visite sans permission de Juge, & reconnoistre leur marque. Défendons aux Tonneliers d'oster les fonds ou douves des futailles qui auront esté roüannées, & de les mettre en d'autres, à peine de cinq cens livres d'amende. Leur défendons aussi d'encaver le vin dans les mesmes maisons, qu'il ne leur soit apparu de l'acquit des droits d'entrée pour le vin qui y est sujet, & de l'acquit du Gros pour le vin qui aura esté achepté dans la Ville, à peine de pareille amende.

D

X.

Défendons ſur pareille peine de confiſcation, &
de cent livres d'amende à ceux qui font commerce
de vin dans la Ville ou dans les Fauxbourgs, d'avoir
des caves au delà des Barrieres.

X I.

Défendons auſſi tant à ceux qui ont des maiſons
aux extremitez des Entrées au delà des Barrieres
qu'à ceux qui font commerce de vin dans la Ville
ou dans les Fauxbourgs, d'en faire aucun trafic dans
les Paroiſſes de la Banlieuë, par eux, leurs domeſtiques, & autres perſonnes interpoſées ; Faiſons pareilles défenſes à leurs enfans, quoy que majeurs,
s'ils ne ſont mariez, le tout à peine de confiſcation,
& de cent livres d'amende.

X I I.

Ce que nous avons ordonné dans les Articles precedens & dans ceux du titre deuxiéme, pour les maiſons ſituées dans les Fauxbourgs, ſera executé pareillement pour les maiſons qui ſont ſur le territoire des
Paroiſſes taillables enclavées dans les Fauxbourgs.

TITRE CINQUIE'ME.

Du tranſport du Vin en la Ville & Fauxbourgs de Paris.

ARTICLE PREMIER.

LEs Voituriers tant par eau que par terre ſeront tenus de charger le vin, en ſorte qu'il

foit en évidence ; & en cas qu'il foit caché de paille,
de marchandife, ou autrement, il fera confifqué
s'il n'eft declaré avant que la fraude ait efté décou-
verte ; & fi le vin eft en double futaille, en muids ou
autres vaiffeaux emballez, ils feront écrire la qualité du vin fur les deux fonds, & fur les deux coftez
de l'emballage.

II.

Leur défendons de conduire aucun vin fans Lettres de voiture en bonne forme, à peine de confifcation & de cent livres d'amende : Et feront tenus
fur pareille peine les Marchands qui conduiront
leur vin en perfonne d'eftre porteurs de declaration faite & paffée par eux au lieu du crû ou de l'a-
chat, pour tenir lieu de lettres de voiture.

III.

Les Lettres de voiture & les declarations mentionnées en l'Article precedent feront faites doubles pardevant Notaires, Tabellion, Greffier ou
autre perfonne publique, & remplie d'une mefme
main, & contiendront le lieu où le vin a efté chargé ; le nom du Proprietaire, fa demeure & fa qualité, la quantité, la deftination & l'adreffe ; & feront tenus les Voituriers les faire vifer par les Commis des Bureaux où ils pafferont, le tout à peine de
confifcation & d'amende.

IV.

Défendons à toutes perfonnes de s'ingerer fous
la qualité de Déchargeurs de vin, d'aller au devant
des Voituriers qui le conduifent, retirer leursLettres

de voiture, se charger de faire les declarations aux
Entrées, ny mesme d'entrer dans les Bureaux pour
cet effet, à peine du foüet, bannissement, & de cent
livres d'amende pour la premiere fois, & des galle-
res pour trois ans en cas de recidive, dont nous attribuons la connoissance aux Elûs en premiere instance, & par appel à nostre Cour des Aydes.

TITRE SIXIE'ME.

De l'Entrée du Vin dans la Ville & Fauxbourgs de Paris.

ARTICLE PREMIER.

ENjoignons à toutes personnes de faire entrer le vin par terre, par les portes de S. Ber-
nard, de la Conference, S. Honoré, Mont-martre
& du Temple, & par les barrieres de recepte, qui
sont celles de S. Victor, S. Marcel, Loursine, S.
Jacques, S. Michel, des Carmes, de S. Germain,
du Roule, de la Ville-Levesque, sainte Anne, S.
Denys, Saint Martin, Croix-Feaubin, Picpus &
Rueilly: Declarons faux passage les autres Portes
& Barrieres; Défendons d'y faire entrer les boissons sujettes à nos droits, à peine de confiscation & de cent livres d'amende.

II.

Défendons aux Voituriers par eau & par terre,
& à tous autres de faire arriver le vin aux Bureaux,

Portes

Portes & Ports de la Ville & des Fauxbourgs pendant les mois d'Avril, May, Juin, Juillet, Aouſt &
Septembre, avant cinq heures du matin, & aprés
huit heures du ſoir, & dans les autres mois avant
ſept heures du matin, & aprés cinq heures du ſoir;
leur enjoignons en arrivant de jour aux heures per-
miſes d'arrêter & garrer leurs Bateaux aux Ports de
la Rapée, de S. Paul, de la Tournelle & de la Conference, le tout à peine de confiſcation & de cent
livres d'amende : Et aux Voituriers par terre d'ar-
reſter aux Portes, ſous les meſmes peines.

III.

Voulons que l'Article precedent ſoit executé
pour les Coches par eau, ſoit qu'ils ſoient chargez
de vin ou non.

IV.

Défendons aux Commis des Barrieres & aux Por-
tiers des Portes de la Ville de les ouvrir à heure induë, à peine d'eſtre contraints au payement de la valeur du vin qu'ils auront laiſſé entrer, de cinq cent livres d'amen de & de punition corporelle, s'il y échet.

TITRE SEPTIE'ME.

Des Declarations & du payement des droits.

ARTICLE PREMIER.

ENjoignons aux Voituriers tant par eau que
par terre de faire leur declaration à l'inſtant

de leur arrivée aux Bureaux des Barrieres, des Portes & des Ports, laquelle declaration contiendra la quantité de vin, les noms, surnoms & demeures de ceux à qui il appartient, le lieu du crû, le lieu où il a esté chargé, & celuy où ils entendent le faire encaver ou exposer en vente; Leur enjoignons aussi de representer les congez du lieu du crû, & leurs Lettres de voiture, dont le double sera laissé aux Commis de la recepte, & l'autre sera par luy visé & rendu aux Voituriers, le tout à peine de confiscation, & de cent livres d'amende.

I I.

Ce qui se trouvera exceder la quantité portée par les Lettres de Voiture ou declarations, ensemble le vin non declaré, encore qu'il soit en évidence, sera confisqué.

III.

Pourra le Fermier de nos droits en vertu des Presentes faire mener au Bureau general le vin qui aura esté declaré gasté, pour y reposer pendant six jours, aprés lesquels le vin qui sera trouvé bon & potable, sera confisqué; & à l'égard de celuy qui sera trouvé gasté, seront mises dans les Vaisseaux quatre pintes de vinaigre aux frais des Vinaigriers ou autres ausquels le vin appartient, sauf au Fermier de nos droits d'en verser telle autre quantité qu'il jugera à propos à ses dépens, & d'en retirer autant de vin dont il pourra disposer.

I V.

Nos droits d'Entrée feront payez, tant pour le vin qui entre par terre & par eau en montant & def_cendant dans noftre bonne Ville & Faux-bourgs de Paris, pour y eftre confommé ou vendu, que pour celuy qui paffe debout : & feront nos droits pour le vin venant par terre payez au plus prochain Bureau du Fauxbourg par lequel il entrera, & pour le vin venant par eau, au plus prochain Bureau du Port devant lequel il paffera, & le vin qui aura paf_fé les Bureaux fans acquit ou congé fera confifqué; & feront les contrevenans condamnez chacun en cent livres d'amende.

V.

Permettons neanmoins aux Marchands & nego_tians qui voudront tranfporter du vin par mer hors noftre Royaume, de le faire paffer debout dans Pa_ris, fans payer nos droits d'entrées, en juftifiant de Lettres de voiture en bonne forme, & à condition de fournir caution au Bureau general des Entrées, de rapporter certificat des Juges & Officiers des lieux que le vin aura efté embarqué pour les païs étrangers, & l'acquit du payement des droits de fortie dans le temps qui fera convenu, finon de payer nos droits.

V I.

Ne pourront les Voituriers & autres décharger le vin en des Bachots ou autrement, ny l'enlever du Port, foit pour leur provifion ou pour leur com_merce, qu'aprés avoir payé nos droits, & fait leur

declaration telle que deſſus , à peine de confiſca_
tion & de cent livres d'amende , & ſeront tenus
les Voituriers , les Marchands , ou leurs Facteurs
& Commiſſionnaires , meſme les Proprietaires qui
conduiſent leur vin en perſonne , de ſigner la declaration d'entrée ſur le Regiſtre, s'ils ſçavent ſigner , à peine de pareille amende , & s'ils ne ſça_
vent ſigner, il ſera fait mention ſur le Regiſtre de
l'interpellation qui leur en aura eſté faite.

V I I.

Enjoignons aux Commis de délivrer incontinent
les acquits de nos droits , à peine de tous dépens,
dommages & intereſts ; & en cas de refus ou delay
ſeront nos droits conſignez aprés une ſommation
par écrit faite aux Commis ; leſquelles ſommation
& conſignation tiendront lieu d'acquit.

V I I I.

Seront les redevables de nos droits d'entrée , à
l'égard du vin qui entre par terre , contraints au
payement par ſaiſie & arreſt du vin , charettes, chevaux , & équipages, que le Fermier de nos droits ou
ſes Commis pourront retenir dans les Bureaux, &
pour le vin qui entre par eau , pourra le Fermier de
nos droits , à faute de payement , le faire enlever
du bateau en vertu des Preſentes , & le tranſporter au Bureau General , ſi mieux il n'ayme en l'un &
en l'autre cas y établir Gardien & Commiſſaire , ce
que nous laiſſons à ſon choix.

I X.

Seront les Marchands redevables de nos droits
d'entrée

d'entrée, aufquels les Commis auront donné des Congez, fans que nos droits ayent efté acquittez, contraints en vertu des contraintes qui feront délivrées par le Fermier, fes Procureurs & Commis ayant ferment à Juftice, fur les Extraits des Regiftres des Declarations ou des Controlles ; Defendons à noftre Cour des Aydes, & à tous autres Juges de recevoir les Marchands à la preuve par témoins de la perte de leur quittance, ny de s'en rapporter à leur ferment ; leur défendons auffi d'avoir aucun égard aux contraintes qui feront decernées, ou fignifiées un mois apres que le vin fera entré.

X.

Les contraintes pour nos droits d'entrée, feront au furplus decernées, vifées, & executées comme pour nos droits de Gros.

X I.

Seront payez nos droits d'entrée par toutes fortes de perfonnes de quelque qualité qu'elles foient, Ecclefiaftiques, Nobles, Officiers de noftre Parlement, Grand Confeil, Chambre des Comptes & Cour des Aydes, Secretaires de Nous, Maifon & Couronne de France, nos Commenfaux, les Suiffes Privilegiez, les Archers de noftre bonne Ville de Paris; les douze & vingt-cinq Marchands Privilegiez fuivant noftre Cour, fans aucune exception, encore que le vin fût du crû de noftre Domaine, & pour noftre ufage & de noftre Maifon.

F

X I I.

Entendons neanmoins que les Officiers de noftre Parlement, Grand Confeil, Chambre des Comptes, & Cour des Aydes, & les Secretaires de Nous, Maifon & Couronne de France joüiffent de l'exemption des premiers cinq fols, en payant l'augmentation & les autres droits ; & quant aux Hofpitaux, Convents & Communautez, ils joüyront de l'exemption de nos droits, fuivant les eftats qui feront arreftez par chacune année en noftre Confeil.

X I I I.

Seront les Articles des titres quatre, cinq, fix, & fept, qui contiennent des Reglemens pour le vin, executez pour les autres boiffons fujettes à nos droits d'Entrée fur les mefmes peines.

Des anciens & nouveaux cinq fols fur le Vin.

Article Premier.

NOs droits de cinq fols anciens & nouveaux & d'augmentation, que nous avons fixez à quatorze fols, feront levez pour chacun muid de vin mefure de Paris, & pour les autres vaiffeaux à proportion dans les Generalitez de Paris, Chaalons, Soiffons & Amiens, à l'entrée des Villes, Faux-bourgs, Bourgs, & Paroiffes comprifes en l'eftat qui en fera arrefté en noftre Confeil, Hameaux & Efcarts en dépendans.

I I.

Seront levez feulement les anciens cinq fols &
l'augmentation que nous avons fixée à fept fols
pour chacun muid mefure de Paris, & pour les autres vaiffeaux à proportion à l'entrée des Villes
& Fauxbourgs, Bourgs & Paroiffes compris en l'é-
tat qui en fera pareillement arrefté en noftre Confeil, Hameaux & Efcarts en dépendans.

I I I.

Seront levez nos droits à l'entrée fur les vendanges, à raifon de deux muids de vin pour trois de
vendanges, fi mieux n'aime le Fermier de nos droits
les lever fur le vin, aprés qu'il aura efté entonné
fur le pied des Inventaires qui ne pourront eftre
faits qu'une fois l'année & un mois aprés les vendanges ; Défendons aux proprietaires d'en faire
aucun tranfport d'une maifon en une autre, fans
prendre un congé par écrit, à peine de confifcation.

I V.

Défendons d'exiger nos droits pour le vin, aprés
qu'ils auront efté payez pour les vendanges, à peine de concuffion.

V.

Ceux de nos fujets qui auront du vin recüeilly,
tant dans leurs clos & jardins, que dans les
vignes non enfermées, ne pourront pretendre aucune déduction dans les Inventaires de celuy des
clos & jardins, encore qu'il ait efté cuvé, preffoié,
entonné en des cuves, preffoirs, caves & maifons
differentes.

VI.

Voulons neanmoins que ceux qui n'ont point d'autres vendanges que celles qu'ils recüeillent dans leurs clos & jardins , eſtans dans les Fauxbourgs des Villes, ſoient ſeulement tenus de payer nos droits en cas qu'ils faſſent entrer dans les Villes les vendanges, ou le vin qui en proviendra, pour leur proviſion ou pour leur commerce , ou qu'ils le vendent en détail dans les Fauxbourgs.

VII.

Pourront les Proprietaires ou Poſſeſſeurs des vignes faire entrer leurs vendanges dans les lieux où ils ne ſont pas domiciliez, pour y façonner leur vin, ſans eſtre tenus de payer nos droits ; pourveu & non autrement qu'il en ſoit fait declaration à l'entrée; & qu'à la ſortie ils faſſent leur ſoûmiſſion au Fermier du lieu où le vin aura eſté façonné; de luy rapporter dans quinzaine la certification du Fermier du lieu où ils ont leur domicile, qui leur ſera délivré ſans frais , portant que le vin y eſt entré , & que nos droits ont eſté payez , le tout à peine de payer le double de nos droits , & de trois livres d'amende pour chacun muid de vin ; nonobſtant leſquelles declarations & ſoûmiſſions ſi le vin n'a eſté enlevé dans les ſix ſemaines, à compter du dernier jour de l'entrée des vendanges , nous le declarons ſujet à nos droits.

VIII.

En cas que les lieux où ils ont leur domicile ne fuſſent point ſujets à nos droits , ils ſeront payez

dans

dans les lieux fujets où ils feront entrer leurs vendanges, encore que le vin fuſt enlevé avant les fix
femaines expirées, & que les vignes où il eſt crû fuſ-
fent fituées dans une Paroiſſe non fujette à nos
droits.

I X.

Les vendanges provenantes des vignes fituées dans
une Paroiſſe fujette à nos droits, ne pourront eſtre
conduites dans une Paroiſſe non fujette, qu'aprés
que nos droits auront eſté payez au Fermier du lieu
où les vignes font fituées, à peine de confifcation,
& de trois livres d'amende pour chacun muid de vin,
felon l'évaluation que nous avons faite des muids
de vendanges.

X.

Ce que nous avons ordonné dans les Articles
precedens à l'égard des lieux fujets & non fujets à
nos droits, fera executé lors qu'une Paroiſſe eſt fujette à nos droits de quatorze fols, & que l'autre eſt
feulement fujette à nos droits de fept fols.

X I.

Nos droits feront payez à l'entrée du lieu de la
deſtination; ſçavoir pour le vin entrant par charroy
dans les Villes dés l'entrée des portes, pour celuy
qu'on voudra décharger dans les Fauxbourgs dés
l'entrée des Fauxbourgs; & pour celuy qui vient par
eau avant que d'eſtre tiré des bateaux & mis à terre, le tout à peine de confifcation & de trois livres
d'amende pour chacun muid de vin.

G

X I I.

Seront nos droits levez autant de fois que le vin
fera tranfporté d'une Paroiffe fujette en une autre
de mefme qualité, pour y eftre vendu ou confommé,
encore que les Paroiffes foient d'une mefme Election, ou qu'il y foit conduit durant le temps des
Foires franches. Voulons neanmoins que nos droits
foient rendus en cas que le vin ne foit pas vendu dans
les Foires, en rapportant par le proprietaire Bourgeois ou Marchand un certificat du Fermier du lieu
d'où il eft forty, qu'il y a efté ramené ; & fera le
vin reputé vendu, fi aprés les Foires finies il y fejourne plus de trois jours quand il retourne par terre, &
plus de huit jours quand il retourne par eau.

X I I I.

Le vin paffant de bout ne fera fujet à nos droits, en
reprefentant par les Voituriers les lettres de voiture
en bonne forme, qui contiennent fa veritable & certaine deftination.

X I V.

Les lieux de paffage où le vin fejournera plus de
huit jours venant par eau, & plus de trois jours venant par terre, feront reputez ceux de fa deftination, & feront nos droits payez comme s'il y avoit
efté amené pour y eftre vendu ou confommé, &
neanmoins le vin amené en refuge ne fera fujet à nos
droits qu'aprés un fejour de fix mois.

X V.

Le vin qui fejourne plus de vingt-quatre heures
dans un autre lieu que celuy de fa deftination, fera

marqué par les Commis à l'arrivée, & démarqué à la fortie, à peine confifcation ; & en cas de refus par les Commis , la fommation qui leur en fera faite par écrit, tiendra lieu de marque & démarque.

XVI.

Maintenons les Ecclefiaftiques pour les vendanges & le vin du crû de leurs Benefices dans l'exemption des nouveaux cinq fols feulement , fans que les nobles, Officiers de nos Cours, Secretaires de Nous, Maifon & Couronne de France , nos Commenfaux , & autres de quelque qualité qu'ils foient, puiffent pretendre aucun privilege pour ce regard.

XVII.

Seront au furplus les Reglemens pour nos autres droits d'Entrée en ce qui concerne les Lettres de voiture , les declarations & les payemens de nos droits executez pour les anciens & nouveaux cinq fols en la mefme maniere, & fur les mefmes peines.

XVIII.

Sera fujet à nos droits de quatorze fols , le vin deftiné pour eftre tranfporté hors de noftre Royaume ; fçavoir celuy paffant par eau au port de la derniere Ville où nos droits ont cours, encore que ce foit dans le temps des Foires franches , & que le vin foit tranfporté par mer d'une Province en une autre de noftre Royaume, & celuy qui eft enlevé par terre à l'entrée de la derniere Ville , Bourg ou Village de noftre Frontiere, par laquelle le vin fera conduit, où pareillement nos Aydes ont cours, le tout encore que le vin foit tranfporté d'un lieu à l'entrée duquel nos droits auroient efté payez.

DROITS DE GROS
SUR LE VIN.

TITRE PREMIER.

Des droits de Gros & Augmentation.

ARTICLE PREMIER.

LE droit de Gros fera payé à raifon du vingtié-
me du prix de la vente & les droits de parifis, douze deniers des Controlleurs, & fix deniers
des Treforiers des Fermes, feront payez fous le feul
nom d'augmentation, que nous avons fixez à feize
fols trois deniers pour chacun muid de vin, à raifon
de trente-fix feptiers pour muid, & de huit pintes
pour feptier mefure de Paris, & pour les autres vaiffeaux à proportion.

II.

Declarons l'ancien droit de Gros fur le vin avoir
lieu dans les Generalitez de Paris, Soiffons, Amiens,
Chaalons, Ville & Election de Bar-fur-Seine, Elections de Montargis & de Mafcon ; Elections de
Pithiviers pour les Paroiffes qui font du Diocefe de
Sens, Ville, Faux-bourgs & Banlieuë non taillable
d'Orleans, pour le vin qui y eft vendu par les Forains, & par ceux qui s'y viennent établir avant

que

que d'avoir acquis leur domicile, Ville, Fauxbourgs franchiſe, & enclaves de Chartres, Ville & franchiſe d'Iſſoudun, Ville & Fauxbourgs de Tours taillables & non taillables, Ville & Fauxbourgs de Poitiers, Ville & Fauxbourgs de Lyon, excepté le vin du crû vendu par les Bourgeois dans leur domicile ou ſur l'Etape, non compris dans les Fauxbourgs celuy de Vaiſe, dont les Habitans ſont reputez Forains, Ville & Comté d'Auxerre, à la reſerve du vin du crû vendu par les Bourgeois dans leur domicile.

I I I.

Le droit d'augmentation ſera payé dans les Generalitez, Elections, Villes, & lieux où le Gros a cours, meſme dans les Villes, Bourgs, & lieux des meſmes Generalitez & Elections qui ſont exemptes du droit de Gros.

TITRE DEUXIE'ME.

Des droits de Gros & augmentation ſur les Vendanges.

ARTICLE PREMIER.

NOs droits de Gros & augmentation ſeront payez pour les vendanges qui ſeront venduës volontairement, ou par authorité de Juſtice à raiſon de deux muids de vin pour trois muids de vendanges, & autre quantité à proportion.

H

I I.

Seront tenus à cet effet ceux qui auront acheté, échangé ou pris en payement la dépoüille des vignes, d'en faire declaration par chacune année aux Commis du lieu où les vignes sont situées avant le transport des vendanges, à peine de confiscation & de cent livres d'amende.

I I I.

Declarons sujettes aux droits de Gros & augmentation les vendanges recüeillies en des lieux sujets au droit de Gros, lors qu'elles sont transportées en d'autres lieux où les droits de Gros & d'augmentation n'ont point cours.

I V.

Les vendanges recüeillies en des lieux qui sont seulement sujets à l'augmentation ne payeront que l'augmentation lors qu'elles seront transportées en des lieux où le Gros n'a point cours, mais elles payeront tant le Gros que l'augmentation, si après avoir esté recüeillies en des lieux où le droit de Gros a cours, elles sont transportées en d'autres lieux qui sont seulement sujets à l'augmentation.

V.

Voulons neanmoins en cas que le transport des vendanges soit fait par les proprietaires des vignes dans le lieu de leur domicile où le Gros n'a point cours, que la moitié des vendanges leur soit delaissée pour leur provision, franche & quitte de nos droits.

V I.

Ne pourront les vendanges estre transportées

d'une Paroiſſe ſujette au droit de Gros ou d'augmentation où elles ſont recüeillies en d'autres Paroiſſes exemptes, que la declaration n'en ait eſté faire
aux Commis, à peine de confiſcation meſme de la
moitié que nous avons délaiſſée par privilege aux
Proprietaires.

TITRE TROISIE'ME.

Des Inventaires & Recollemens du vin.

ARTICLE PREMIER.

IL ſera procedé aux Inventaires & marques du vin
dans les Generalitez de Paris, Soiſſons, Amiens
& Chaalons, un mois aprés les vendanges de chacune
année & non plûtoſt; Pourront neanmoins les Commis durant le mois ſe tranſporter dans les celliers,
preſſoirs, & caves, & y faire les viſites neceſſaires.

II.

Les Villes fermées où les Inventaires n'ont eſté
faits juſqu'à preſent, ne ſeront compriſes au precedent Article; ſeront les Inventaires continuez dans
les Villes & Fauxbourgs clos de murs où ils ont eſté
faits, juſques à ce que les bréches en ayent eſté re-
parées, & qu'il apparoiſſe par les procés verbaux des
Commiſſaires par Nous départis dans les Generalitez, faits en preſence du Fermier de nos droits, que
le vin & les vendanges n'y peuvent entrer ny en ſor-
tir que par les portes.

I I I.

Le Fermier fera publier aux Prônes des Paroiſſes le jour de l'ouverture des Inventaires trois jours avant que d'y proceder.

I V.

L'Inventaire fera fait au moins par deux Commis du Fermier en preſence du Proprietaire du vin, enſemble du Syndic ou de l'un des Marguilliers de la Paroiſſe ; & en cas d'abſence, fera paſſé outre en conſequence des publications mentionnées en l'Article precedent, qui tiendront lieu de ſommation, tant à l'égard du Proprietaire que des Syndics & Marguilliers.

V.

Sera chaque feüille de l'Inventaire ſignée par le Syndic ou Marguillier, & feront ſignez par le Proprietaire les Articles qui le concernent, ſinon fera fait mention de leur abſence ou de leur refus, ou de leur declaration de ne ſçavoir ſigner.

V I.

Seront tenus les Commis de laiſſer ſur le champ au Proprietaire ou à l'un de ſes domeſtiques pour luy une copie des Articles particuliers où il a intereſt, qui fera ſignée des Commis, & dont ils feront mention ſur l'Inventaire.

V I I.

Permettons aux Commis ſur le premier refus des Proprietaires du vin ou de leurs domeſtiques en cas d'abſence, de faire ouvrir les caves, preſſoirs & celliers en preſence de deux voiſins ou autres témoins

par

par Serruriers, Marefchaux & autres aufquels nous
enjoignons de ce faire, à peine d'eftre condamnez
au payement de nos droits, & en l'amende qui ne
pourra eftre moindre de dix livres contre les Serruriers, Marefchaux & autres, & de cinquante livres
contre les Proprietaires.

V I I I.

Les Inventaires feront paraphez fans frais en chacune feüille par le premier Elû fur ce requis, au plus
tard, un mois aprés leur clôture, à peine de nullité;
pourront neanmoins les Commis dans la quinzaine
aprés le mois expiré, en cas de delay ou de refus par
les Eleus, de proceder au paraphe des Inventaires, les
fignifier & en laiffer copie fignée d'eux au Greffier
de l'Election, laquelle fignification tiendra lieu de
paraphe.

I X.

Le vin qui n'aura efté declaré par le Proprietaire,
lors que l'Inventaire en eft fait dans fa maifon, fera
confifqué à noftre profit, & les Proprietaires ou autres qui l'auront recelé feront condamnez chacun
en cinquante livres d'amende.

X.

Pourront les Commis proceder aux recollemens
des Inventaires dans le dernier quartier & non plû-
toft, & feront les recollemens publiez, faits, fignez
& paraphez en la mefme maniere que les Inventaires.

X I.

Seront fujets aux Inventaires & recollemens, ceux
qui font fujets à nos droits d'Aydes, foit de Gros,

d'augmentation, ou de détail ; même les habitans des Villes fermées pour le vin & les vendanges qu'ils recüeillent & font encaver dans les Paroiffes, fujettes aux Inventaires ; N'entendons neantmoins que les recollemens foient faits dans les Maifons des Ecclefiaftiques, Nobles, Commenfaux & autres Privilegiez, Exempts du droit de Gros, contre lef-quels les contraintes pour le Gros du vin manquant, ne pourront eftre decernées.

XII.

Nos droits feront payez pour tout le vin compris dans l'Inventaire, qui ne fe trouvera plus en nature au temps du recollement, à l'exception de celuy qui aura efté deprié, & dont les droits auront efté payez, & aux déductions qui enfuivent ; fçavoir au deffus de deux muids, jufques à fix de moitié, depuis fix jufqu'à douze du tiers, depuis douze jufqu'à vingt-quatre du quart ; & depuis vingt-quatre jufqu'à quarante du cinquiéme, fans que ceux qui n'auront recüeilly que deux muids, & au deffous puiffent eftre compris dans les contraintes, finon en cas de vente.

XIII.

Outre les déductions portées par l'Article prece-dent, il fera encore déduit aux Laboureurs un muid de vin pour chacune charruë qu'ils exploiteront.

XIV.

Sera faite pareille déduction du vin qui fe trou-vera aigry & gafté, par la reprefentation qui en fera faite aux Commis, & de celuy qui aura efté perdu par des accidens impreveus, dont le Proprietaire demeurera déchargé, en rapportant les procés verbaux qui en auront esté dreſſez par les Commis ou par les Officiers de nos Eſlections, les Commis preſens ou deuëment appellez, au temps que la perte eſt arrivée.

XV.

Et neanmoins en cas que le vin aigry ou gaſté ſoit vendu pour eſtre converty en eau de vie ou vin-aigre, nos droits de Gros ſeront payez ſur le prix de la vente, & le tiers du Gros pour l'augmentation.

TITRE QUATRIE'ME.

De la vente en gros, & du tranſport du vin.

ARTICLE PREMIER.

DEclarons compris ſous le nom de vin vendu en gros, celuy qui eſt revendu, donné en payement & échangé, encore que l'échange ſoit de vin à vin.

II.

Enjoignons aux vendans vin en gros, de declarer le veritable prix du vin, à peine de confiſcation & de cent livres d'amende; & ſera la preuve de la fauſ-ſeté de la declaration receuë par témoins, du nom-bre deſquels pourra eſtre l'achepteur, à quelque ſomme que puiſſe monter le prix du vin.

III.

Ne ſera faite aucune déduction ſur le prix pour

la valeur de la futaille , frais de voiture , droits de nos Fermes & autres dépenſes.

IV.

Le vin qui aura eſté vendu en Gros pourra eſtre pris au profit du Fermier pour le prix declaré , en rendant le meſme prix à l'achepteur , déduction faite des droits de Gros & d'augmentation ; & à cet effet ſera loiſible au Fermier incontinent aprés la declaration , & avant que de faire l'option , de faire goûter & marquer le vin.

V.

L'option ſera faite par écrit ſignée du Fermier ou du Commis , & délivrée à l'achepteur , apres laquelle ne poura le Fermier pretendre la confiſcation ny l'amende , encore que la declaration fût trouvée fauſſe.

VI.

Ne pourra le Fermier ſe faire ſubroger à l'adjudicataire dans les ventes judiciaires , encore qu'il y euſt vilité de prix.

VII.

Le prix du vin ſera declaré , & le droit payé par le vendeur dans les ventes volontaires , & par le pourſuivant dans les ventes judiciaires.

VIII.

Le payement des droits ſera fait comptant avant l'enlevement du vin , à peine de confiſcation & de cent livres d'amende ; & en cas que le Fermier delivre le Congé ſans recevoir les droits , il pourra decerner ſes contraintes , ainſi qu'il ſera dit cy-aprés.

IX.

I X.

Les Droits pour la premiere vente feront payez au lieu du crû aprés la vente , en quelque endroit qu'elle foit faite , mefme dans les Villes exemptes, Foires & Marchez francs.

X.

Declarons le lieu du crû eftre celuy où le vin eft cuvé, preffoiré & entonné.

X I.

Sera le vin reputé vendu , quand il fera tranfporté hors le Royaume , ou hors les Pays où nos Aydes ont cours.

X I I.

N'entendons toutefois eftre fujet au droit de Gros, le vin mené & vendu dans les champs des Foires & Marchez-francs par les habitans des Villes, Bourgs & banlieuë feulement où les Foires & Marchez-francs font établis , fauf le droit d'augmentation qui fera payé au lieu du crû.

VIII.

Les droits auffi ne font point deûs au lieu du crû lorfque le vin eft amené en noftre bonne Ville de Paris, ou lorfque la premiere vente s'en fait en détail par le Proprietaire non trafiquant dans les lieux où nos droits de détail ont cours ; & fera tenu le proprietaire de rapporter au Fermier du lieu du crû dans fix femaines, la preuve du payement du Gros, par la Quittance du Fermier de Paris , ou par l'Extrait de fon Regiftre, & dans l'an les Quittances du droit de détail , finon le temps paffé le Fermier du lieu du crû pourra décerner fes contraintes.

K

X I V.

Le vin tranſporté des lieux qui ne ſont point ſujets à nos droits de Gros & d'augmentation en ceux où ils ont cours, payera les droits à l'entrée du lieu de ſa deſtination portée par les Lettres de voiture, ſur le pied du prix commun que le vin de meſme qualité y eſt vendu, ce qui n'aura lieu pour le vin du crû tranſporté par le Proprietaire pour ſa proviſion ; Voulons au ſurplus, que les Articles quatre, cinq & ſix du Titre ſecond pour le tranſport des vendanges ſoient executez pour le tranſport du vin.

TITRE CINQUIE´ME.

De la vente en gros dans Paris.

ARTICLE PREMIER.

SEront tenus les Bourgeois de noſtre bonne Ville & Fauxbourgs de Paris, non Marchands & trafiquans de vin, de payer à l'Entrée le droit de Gros du vin qu'ils y ameneront pour leur proviſion par terre, à raiſon de quarante ſols pour muid, à laquelle ſomme Nous l'avons moderé, encore que le vin ſoit achepté au delà des vingt lieuës ; Et pour le vin qu'ils y feront voiturer par eau, le Gros ſera payé ſuivant la valeur du vin ſur les Ports ; le tout outre le droit d'augmentation qui ſera payé avec le Gros.

I I.

Voulons neanmoins que pour le vin du crû, quand il fera voituré par eau, il ne foit payé aucun droit de Gros & d'augmentation à l'entrée, & quand il fera voituré par terre, nos droits de Gros & d'augmentation foient confignez à l'entrée, & rendus enfuite par le Fermier, en luy rapportant l'acquit, pourvû & non autrement en l'un & en l'autre cas que les Bourgeois ayent fait enregiftrer au Bureau de nos Aydes les titres de leur proprieté, ou qu'ils les reprefentent au Fermier, & qu'ils luy en laiffent une copie fignée d'eux en bonne forme, qu'ils luy donnent un certificat auffi figné d'eux, contenant le dénombrement par tenans & aboutiffans des vignes, dont ils font Proprietaires ou poffeffeurs, & la quantité du vin qu'ils y ont recüeilly, avec declaration qu'ils les font façonner à leurs dépens, & en cas de fauffe declaration fera le vin confifqué.

I I I.

Le vin qui fera declaré appartenir aux Marchands de vin en gros & aux Taverniers, ne payera aucun droit de Gros ny d'augmentation aux Entrées tant par eau, que par terre.

I V.

Enjoignons aux Marchands de vin en gros de mettre tout le vin qu'ils feront venir de leur crû ou d'achapt en noftre bonne Ville de Paris fur l'Etape, dans les caves & celliers qu'ils ont dans la ruë de la Mortellerie, au Monceau faint Gervais, aux folles de l'Hoftel de Ville, ou en la Halle au vin, pour en payer les droits de Gros & d'augmentation à mefure qu'ils le vendront.

V.

Enjoignons auffi aux Taverniers qui vendent à huis coupé & pot renverfé, de mettre fur l'Etape le tiers du vin qu'ils feront venir de leur crû ou d'achapt, fans que les caves, celliers & folles mentionnées en l'Article precedent puiffent tenir lieu d'Etape à leur égard.

V I.

Défendons aux Marchands de vin en gros, & aux Taverniers d'achepter, ou faire achepter aucun vin dans l'étenduë de vingt lieuës des environs de noftre bonne Ville de Paris, & fpecialement dans les Villes & Elections de Chartres, Mante, Meulan, Clermont en Beauvoifis, Senlis, Compiegne, Meaux, Melun, Pluviers, & Eftampes. Enjoignons d'en faire l'achapt au delà des vingt lieuës, & de le faire venir incontinent & fans fejour, le tout à peine de confifcation & de trois cent livres d'amende.

V I I.

Ne pourront fur les mefmes peines les Cabaretiers, Hofteliers, Traitteurs, Aubergiftes, & ceux qui logent en Chambres garnies achepter du vin ailleurs que fur l'Etape & autres places publiques ou en la Halle au vin; & en cas qu'ils foient Proprietaires ou poffeffeurs de vignes, feront tenus de payer à l'entrée tant par eau que par terre, fans repetition,

repetition, les droits de Gros & d'augmentation du vin qu'ils feront venir de leur crû.

VIII.

Maintenons les douze & vingt-cinq Marchands privilegiez suivant nostre Cour, dans le droit de faire venir en nostre bonne Ville de Paris la quantité de dix mil muids de vin, sans estre sujets à l'Etape ny au payement de nos droits de Gros & d'augmentation aux entrées, & pour le surplus ils feront tenus de mener leur vin sur l'Etape, & de payer nos droits comme les autres Marchands.

IX.

Ne sera payé aucun droit de Gros & d'augmentation à l'entrée, tant par eau que par terre par les Forains, Proprietaires ou Marchands; Voulons que tout le vin arrivé sous leur nom qui sera destiné pour Paris par les Lettres de voiture ou declaration soit mené sur la vente ou en la Halle au vin, pour y estre vendu en la maniere accoustumée; leur défendons de l'encaver, à peine de confiscation & de trois cens livres d'amende.

X.

Seront tenus tant les Bourgeois de nostre bonne Ville & Fauxbourgs de Paris, que les Marchands qui feront arriver du vin Muscat, de Frontignan, Cioutat, & autres de mesme qualité, ensemble du vin d'Espagne, & autre vin étranger, de le faire conduire sur l'Etape, pour y payer le droit de Gros sur le pied de la vente, & le droit d'augmen-

L

tation , que nous avons fixé à six livres pour chacun muid mesure de Paris.

X I.

Les Habitans d'un Fauxbourg de nostre bonne
Ville de Paris qui auront acheté du vin sur la Vente, ou des Marchands & Bourgeois de la Ville &
des autres Fauxbourgs, ne pourront le faire conduire en leurs maisons, qu'aprés avoir representé
aux portes par lesquelles ils passeront les congez &
acquits des droits par eux payez, & declaré les lieux
où ils le feront encaver, à peine de confiscation,
& de cent livres d'amende.

TITRE SIXIE'ME.

*Du Commerce du vin dans les trois lieuës prés des Villes
où il y a Etape.*

ARTICLE PREMIER.

DEfendons à tous Marchands de vin de nostre
bonne Ville de Paris, & autres Villes où il y a
Etapes, Forains & Particuliers, demeurans dans l'é-
tenduë des trois lieuës des mesmes Villes, de tenir
aucun Magazin de vin dans les trois lieuës hors les
Villes & Fauxbourgs, à peine de confiscation, &
de cinq cent livres d'amende.

I I.

Leur défendons aussi de décharger leur vin dans
la mesme estenduë des trois lieuës, ny d'en vendre

en gros ou par barils, brocs & bouteilles, le tout
fous les mefmes peines.

I I I.

Leur permettons neanmoins d'encaver ou tenir
en folles dans l'eftenduë des trois lieuës le vin de
leur crû, & de le vendre en la maniere accouftumée.

I V.

Pourront aufſi les Bourgeois des Villes où il y a
Etape, qui ont des maiſons à titre de proprieté ou de
loyer dans les Villages fituez dans l'eftenduë de trois
lieuës, y tenir la quantité du vin d'achapt neceffaire
pour leur provifion, felon l'eftat de leur famille,
& le temps qu'ils y demeurent, & pour le vin de
leur crû, fera le precedent Article executé.

V.

Le vin declaré pour les lieux compris dans l'eftenduë des trois lieuës, qui fe trouvera appartenir à
ceux qui n'y font point domiciliez, fera reputé declaré pour la prochaine Ville où il y a Etape.

V I.

Pourra le Fermier de nos droits dans les Villes
où il y a Etape faire les vifites par fes Commis dans
l'étenduë des trois lieuës, enjoignons à tous vendans vin de le fouffrir, fans que les Hofteliers &
Cabaretiers domiciliez dans les trois lieuës foient
tenus d'envoyer leur declaration aux Bureaux de la
Ferme établis dans les Villes.

V I I.

Défendons aux Hofteliers & Cabaretiers domiciliez dans les trois lieuës de vendre en gros aucun

vin, mefme celuy de leur crû, à peine de confifcation & de trois cent livres d'amende au profit du
Fermier de la prochaine Ville où il y a Etape.

TITRE SEPTIE'ME.

Des declarations, depris & congez.

ARTICLE PREMIER.

NE pourront nos fujets, mefme ceux qui font
exempts de nos droits d'Aydes, enlever ou
faire enlever aucuns vins de leurs caves, celiers
& autres lieux; ny le tranfporter en autres maifons
fans prendre un congé de remuage du Fermier ou de
fes Commis, à peine de confifcation & de cent
livres d'amende.

II.

Seront tenus les Commis de refider au Bureau
depuis cinq heures du matin jufques à midy, &
depuis deux jufques à huit au foir, depuis le premier Avril jufques au premier Octobre, & dans les
autres mois, depuis fept heures du matin jufques à
midy, & depuis deux heures jufques à cinq heures
du foir, à peine de tous dépens, dommages & interefts, dont le Fermier fera refponfable, fauf fon
recours contre les Commis.

III.

Ne pourront les Marchands, Tonneliers, &
autres, de quelque qualité qu'ils foient, remuer

ou

ou rouler le vin d'une maiſon en une autre de nuit & à heure induë, mais ſeulement depuis cinq heures du matin juſques à huit heures du ſoir, depuis le premier Avril juſques au premier Octobre, & dans les autres mois, depuis ſept heures du matin juſques à cinq heures du ſoir, à peine de confiſcation & de cent livres d'amende.

I V.

Le vin vendu en gros ne pourra eſtre enlevé que la vente n'ait eſté dénoncée au Bureau, & que le Vendeur ou l'Achepteur n'ait pris Congé par écrit du Fermier, ou de ſes Commis, à peine de confiſcation & de pareille amende, & ſeront tenus les vendans vin en gros de faire inſerer dans les Congez, les noms, ſurnoms & demeures des achepteurs avec le prix du vin, à peine de nullité des Congez, ce qui ſera executé pour les vendanges venduës en gros.

V.

Enjoignons à chaque Voiturier tant par eau que par terre d'avoir en main le Congé du vin, dont il ſera chargé, à peine de confiſcation des charettes, hacquets, broüettes, bateaux, & chevaux, & de cinquante livres d'amende en ſon nom, ſans aucun recours contre ceux qui l'auront employé, outre la confiſcation du vin & l'amende portée par les Articles precedens.

V I.

Les Commis prépoſez tant à la recepte qu'aux Dépris & Congez preſteront le ſerment pardevant

M

les Elûs, qui feront tenus le recevoir fans information, pour laquelle preftation de ferment, il fera payé trois livres aux Elûs, & vingt fols au Greffier qui y afliftera ; & en délivrera l'acte, & ne feront tenus les Commis en changeant de lieu dans
une mefme Election de reïterer le ferment.

VII.

Sera tenu par les Commis à la Recepte & au
Controlle un Regiftre relié & cotté qui fera para-
phé par un des Officiers de l'Election, fans frais.

VIII.

Ne pourront aucuns Particuliers prefter leurs
caves ou celliers aux Courtiers & Marchands de vin
en gros, fans en faire declaration au Bureau de nos
Fermes, dont ils retireront un certificat, à peine de
trois cent livres d'amende.

IX.

Les Courtiers de vin, Facteurs & Commiffion-
naires declareront aux Bureaux les noms & la demeure des Marchands qui les employent, la quantité de vin qu'ils auront achepté pour eux, enfemble les lieux où ils les font encaver, & reprefenteront les pouvoirs qu'ils en auront pour eftre paraphez par le Fermier ou fes Commis, à peine de
confifcation du vin, & de cent livres d'amende :
Leur défendons & aux Tonneliers fous pareilles
peines, de faire marchandife de vin pour leur
compte.

TITRE HUITIE´ME.

Des contraintes pour le Gros.

ARTICLE PREMIER.

LEs vendans vin en gros feront tenus de fouffrir journellement les vifites & les exercices,
ainfi que les vendans vin en détail, & fera leur
vin marqué, & pris en venuë fur les feüilles des
Commis, fans qu'il puiffe eftre enlevé qu'aprés qu'il
aura efté démarqué, à peine de confifcation, & de
cent livres d'amende.

II.

Seront les contraintes pour le payement de nos
droits de Gros & d'augmentation decernées par le
Fermier ou fes Procureurs, tant fur les Inventaires
& Recollemens, que fur les Regiftres des declarations, congez & dépris, par articles feparez, dont
chacun contiendra le nom du redevable, & la quantité du vin, & feront les fommes de chacun article des contraintes employées & tirées hors ligne
fans chiffre ny rature.

III.

Sera au choix du Fermier à l'égard du vin con-
tenu aux Inventaires qui ne fe trouvera plus en nature au temps des recollemens, de regler le payement du droit de Gros fur le pied du prix commun
que valoit le vin au temps du recollement, ou au

temps de la contrainte , ce que nous voulons eſtre obſervé pour le vin, dont la declaration a eſté faite pour eſtre tranſporté hors le lieu du crû.

I V.

Seront les contraintes viſées par un des Officiers de l'Election, paraphées en chacune page, & ſcellées ſans frais ; & ſur le refus de l'Eleu aprés une ſommation qui luy ſera faite de les viſer , elles ſeront ſignifiées au Greffe de l'Election , & enſuite exe‑cutées.

V.

Les contraintes viſées ſeront executées par pro‑viſion , nonobſtant oppoſitions quelconques , & ſans y prejudicier , aux cautions portées par les Baux.

V I.

Ne ſeront payez aucuns frais pour le premier commandement fait en vertu des contraintes , en cas que les redevables acquittent les droits avant le commandement iteratif, mais ſeront ſeulement rendus les droits du papier timbré.

V I I.

Voulons que les oppoſitions ſoient jugées à l'Au‑dience ſur la premicre aſſignation ſans delay ny re‑miſe , ou tout au plus ſur un Veu de pieces ſans eſpices : Enjoignons aux Officiers des Elections de prononcer par abſolution ou condamnation ſans pouvoir , ſous aucun pretexte appointer les parties, ou ſurſeoir le payement des droits, à peine d'en ré‑pondre en leurs propres & privez noms, ſinon qu'il

y euſt

y euſt inſcription de faux formée par les redevables, laquelle ne ſera receuë qu'ils n'ayent auparavant conſigné la ſomme de trente livres entre les mains du Greffier.   VIII.

Le jugement des oppoſitions contiendra la condamnation des frais que nous avons taxez ; Sçavoir, pour le premier commandement ſeize ſols, pour l'iteratif vingt ſols, pour la ſaiſie & execution trente-deux ſols ſix deniers , & pour chacune vente trois livres cinq ſols , dans leſquels ſont compris les droits de Controlle & papier timbré.

I X.

Seront les Sentences de condamnation renduës contre les redevables de nos droits de Gros & d'augmentation executées, tant pour le principal que pour l'amende , nonobſtant l'appel , & tous Arreſts de défenſes que nous avons levées par ces preſentes.

X.

Défendons aux Officiers de noſtre Cour des Aydes de Paris , de recevoir l'appel des contraintes, commandemens, ſaiſies & executions faites en conſequence , ſauf aux redevables à ſe pourvoir par oppoſition pardevant les Elûs , & d'appeller des Jugemens qui ſeront rendus ſur leur oppoſition, & ſera l'appel jugé à l'Audience , ou tout au plus aprés un deliberé ſur les Regiſtres & ſans épices.

XI.

Pourra le Fermier en vertu des contraintes faire ſaiſir les meubles appartenans aux redevables de nos droits de Gros & d'augmentation , & les

N

laisser en leur garde & possession , pour estre re-presentez quand il sera ordonné , à quoy ils seront contraints par corps comme dépositaires de biens de Justice , & sera procedé à la vente dans le delay prescrit par nos Ordonnances.

XII.

Ne seront tenus ceux qui ont une exemption personnelle de nos droits de Gros dans les païs où il a cours , de prendre en leur garde les meubles sur eux saisis pour nos droits d'augmentation, mais seront tenus seulement de donner bon & solvable gardien de leurs meubles, ou d'en souffrir le dépla-cement pour estre vendus.

XIII.

Pourra aussi le Fermier faire saisir les deniers qui sont deubs aux redevables de nos droits entre les mains de leurs debiteurs , sans qu'il soit besoin de prendre aucune permission de nos Juges ordinaires ; & seront les debiteurs assignez en nos Elections pour affirmer & vuider leurs mains , sans qu'ils puissent decliner ny faire renvoyer ailleurs la connoissance de la cause , sous pretexte de privilege ou autrement.

XIV.

Sur les deniers provenans des meubles saisis & vendus sera le Fermier payé par preference à tous creanciers , mesme au Proprietaire de la maison, excepté pour deux quartiers de loyer, y compris le courant , pour lesquels le Proprietaire sera preferé, en affirmant qu'ils luy sont deubs, & sans qu'il puisse pretendre aucune preference pour les reparations.

X V.

Le Fermier sera aussi preferé à tous creanciers, mesme au vendeur & au Juré Vendeur, sur le prix du vin saisi & vendu en vertu des contraintes, aprés toutefois que le Proprietaire de la maison, en cas que les meubles ne soient pas suffisans, aura esté payé de deux quartiers, en affirmant comme dessus les droits de la vente du vin saisi prealablement pris par le Fermier.

X V I.

Pourra le Juré Vendeur ou Marchand reclamer le vin avant la vente, & le reprendre en payement du prix qu'il affirmera luy estre deub, pourvû & non autrement que le vin reclamé ait esté vendu sur les places publiques, qu'il soit vendiqué dans le mois, & qu'il ait esté reconnu, le Fermier present ou deuëment appellé.

X V I I.

Les meubles estant dans la maison des Marchands de vin & Vignerons, ne pourront estre reclamez par leurs femmes, sous pretexte des séparations de biens, & de la vente ou délaissement qui leur en auroit esté fait en consequence; Voulons neanmoins à l'égard des Bourgeois non Marchands & trafiquans de vin, que les séparations de biens jugées & executées, sortent leur plein & entier effet en la maniere accoûtumée.

X V I I I.

Les veuves des Marchands, Vignerons & autres redevables, ne seront tenuës des droits qui nous feront deubs par leurs maris , en renonçant à la communauté ſuivant la Coûtume.

X I X.

Ne pourront les immeubles eſtre ſaiſis réellement en vertu des contraintes. Mais en cas que le Fermier ait obtenu jugement de condamnation en l'Election ou Arreſt de noſtre Cour des Aydes, il pourra proceder par ſaiſie réelle ſur les immeubles, en vertu du jugement ou de l'Arreſt , & aura hypoteque du jour de la condamnation.

X X.

La ſaiſie réelle qui ſera faite en vertu d'une Sentence renduë en l'Election, ſera pourſuivie en l'Election, & celle qui ſera faite en vertu d'Arreſt ſera pourſuivie en la Cour des Aydes qui l'aura rendu ; & ſeront tenus les oppoſans de ſuivre la Juriſdiction où la ſaiſie réelle aura eſté faite , ſans qu'ils puiſſent la diſtraire ſous quelque pretexte & privilege que ce ſoit ; Et en cas que le Fermier ſoit ſeulement oppoſant, il ſera tenu de ſubir la Juriſdiction où la ſaiſie réelle aura eſté commencée , ce que nous voulons avoir lieu pour les ſaiſies mobiliaires, & arreſts de deniers.

X X I.

En cas que la ſaiſie mobiliaire du Fermier & celle d'un autre creancier ſoient d'une meſme datte , la ſaiſie du Fermier prevaudra , & la connoiſſance en demeurera aux Officiers de nos Elections en premiere Inſtance,& par appel en nos Cours des Aydes.

X X I I.

Défendons au Fermier d'exercer aucune contrainte

trainte par corps contre les redevables de nos droits
de Gros & d'augmentation.

XXIII.

Pourront neanmoins les contraintes par corps
aprés les quatre mois eftre ordonnées pour les dépens & les confifcations, fi la condamnation monte
à deux cent livres & au deffus, & ne feront les condamnez receus au benefice de ceffion.

XXIV.

Pourra le fcellé eftre appofé à la Requefte du
Fermier par le premier Elû fur ce requis , fur les
biens des Marchands & Vignerons redevables de nos
droits en cas de mort , abfence ou faillite : Défendons à nos autres Juges d'en connoiftre ; Et fi le
fcellé eft appofé à la Requefte d'un autre creancier,
& que le Fermier foit feulement oppofant , ou en cas
de concurrence , défendons aux Officiers des Elections d'en prendre connoiffance.

XXV.

Ne fera receu le Fermier à decerner ou mettre à
execution fes contraintes, ny à faire aucune demande
des droits de Gros & d'augmentation , fix mois aprés
la Ferme expirée , s'il n'y a exploit controollé auparavant, condamnation, cedulle, promeffe, convention
ou obligation paffée à fon profit par les redevables.

XXVI.

Permettons au Fermier de nos droits, fes Procureurs , fous - Fermiers & Commis de fe fervir de
tels Huiffiers ou Sergens que bon leur femblera
pour les fommations , affignations , commande-

O

mens, faifies , executions , ventes de meubles, contraintes & emprifonnemens , & generalement pour
toutes autres procedures contre les redevables de
nos droits, à la referve de celles qui font faites dans
nos Cours des Aydes , & dans les Elections de Procureur à Procureur.

TITRE NEUVIE'ME.

Des Exemptions du Gros.

ARTICLE PREMIER.

MAintenons les Ecclefiaftiques dans le Privilege de vendre en Gros le vin du crû de
leurs Benefices, & de leur Titre Sacerdotal feulement, fans payer aucuns droits de Gros & d'augmentation.

II.
Joüiront du mefme Privilege , les Oeconomes
par nous établis durant la Regale.

III.
Ne fera fujet à aucun droit de Gros & d'augmentation, le vin baillé en payement par les Curez primitifs aux Vicaires perpetuels pour leur portion congruë , pourvu & non autrement que le
vin foit du crû du Benefice , qui donne le titre de
Curé primitif.

IV.
Enjoignons aux Ecclefiaftiques lors qu'il fera

procedé à l'Inventaire de leur vin aprés les vendanges, de declarer feparement la quantité qu'ils ont recüeillie du crû de leurs benefices, & celle qui provient de leur patrimoine, à peine de décheance de leur Privilege pour l'année en laquelle ils n'auront point fait leur declaration.

V.

Maintenons aussi les Nobles, Officiers de nos quatre Cours de Paris, Secretaires de Nous, Maison & Couronne de France, nos Officiers Commensaux fervans actuellement, & ceux qui ont obtenu nos Lettres de Declaration dans le Privilege de vendre en gros le vin de leur crû, fans payer aucun autre droit que celuy d'augmentation, pour lequel ils feront tenus de fouffrir la marque des Commis.

V I.

Seront tenus les Ecclefiaftiques, Nobles, Officiers de nos Cours & autres Privilegiez de bailler avant la vente au Fermier, auquel les droits en feroient deûs, ceffant le Privilege, une declaration par tenans & aboutiffans fignée d'eux, contenant à l'égard des Ecclefiaftiques, la quantité des vignes qui font du Temporel de leurs Benefices, & à l'égard des autres Privilegiez, la quantité de celles qui font de leur patrimoine ; Enfemble la quantité du vin qu'ils y ont recüeilly par chacune année, le tout à peine de décheance de leurs Privileges pour le temps qu'ils n'y auroient point fatisfait ; laquelle décheance aura lieu pareillement, en

cas qu'ils faſſent façonner leurs vignes par leurs
Fermiers ou les domeſtiques de leurs Fermiers.

VII.

Permettons aux Ecclefiaſtiques & autres Privilegiez de vendre leur vin en gros, en telle ſaiſon,
& en tel lieu que bon leur ſemblera, meſme hors
le lieu du crû, excepté toutesfois la Ville, Fauxbourgs & banlieuë de Paris, où le vin ne pourra
eſtre par eux vendu en gros, meſme dans leur maiſon d'habitation qu'en payant les droits de Gros &
d'augmentation.

VIII.

Declarons le vin provenant des dixmes & des
Preſſoirs bannaux appartenant aux Ecclefiaſtiques
à cauſe de leurs Benefices, aux Nobles, Officiers
de nos Cours & autres Privilegiez eſtre vin du crû,
pourveu & non autrement que la bannalité ſoit établie avant l'année mil cinq cent ſoixante.

IX.

N'entendons que les Fermiers des Ecclefiaſtiques & des autres Privilegiez joüiſſent d'aucun Privilege.

DES DROITS DE SOL

POUR LIVRE,

ET D'AUGMENTATION AUX ENTRE'ES.

ARTICLE PREMIER.

NOs droits de fol pour livre & d'augmentation fur le prix du bois, poiffon de mer, frais, fec & falé, & fur le beftial à pied-fourché, mort ou vif, feront levez aux Entrées dans les Villes & Fauxbourgs faint Denys, Corbeil, Lagni, Melun, Coulommiers, Compiegne, Senlis, Creil, Meaux, Beauvais, Provins, Chaalons, Vertus, Reims, Sainte Menehoult, Efpernay, Noyon, Chauny, Guyfe, la Fere, Barfuraube, Amiens, Pequigny, Fromerie, Granviliers, Conti, Oifemont, Poix, Gamaches, Ault, Cayeux, faint Vallery, Airennes, Mondidier, Roye, Abbeville, Ruë, Crotoy, Creffy, Auxy, faint Riquier, Corbie, Daumart, Atis, Fulvy, Lihons, Arbonniere, Lucheux, Cler-mont en Beauvoifis, Sezanne, Crefpy, Chartres, Iffoudun, Tours & Poitiers, fuivant les Tarifs qui ont efté arreftez par les Elûs.

I I.

Défendons de les lever fur le prix de la vente ou revente qui en fera faite dans les Villes & Faux-

P

bourgs mentionnez en l'Article precedent, à peine de concuſſion.   I I I.

Maintenons les Habitans dans les franchiſes des Foires & Marchez, dont ils ont joüy paiſiblement juſques à preſent : Défendons de lever le ſol pour livre , ſur le bois , poiſſon & le beſtial qui y ſera amené pendant la tenuë des Foires & Marchez francs, tant par les Habitans que par les Forains, & ſeront payez ſeulement nos droits d'augmentation , ſuivant la fixation portée par les Tarifs.

I V.

Les droits qui auront eſté payez aux Entrées pour le poiſſon , bois & beſtial à pied-fourché amenez durant le temps des Foires & Marchez francs, & qui en ſortiront ſans eſtre vendus , ſeront rendus par ceux qui les auront receus, ſur les declarations qui ſeront faites qu'ils n'auront point eſté vendus, à peine de répondre du ſejour des marchandiſes , & de tous dépens, dommages & intereſts.

V.

Declarons le beſtial & le bois du crû des Bourgeois qu'ils feront entrer pour leur conſommation, exempts des droits de ſol pour livre & d'augmentation ; Voulons neanmoins qu'en cas de vente ils ſoient tenus d'en faire la declaration , & de payer nos droits.   V I.

Maintenons les Habitans des villes de Doulens, Peronne, Albert, Bray & S. Quentin en l'exemption du ſol pour livre , à la charge qu'ils payeront l'augmentation , ſuivant la fixation portée par le Tarif.

DROITS SUR LE BESTIAL

A PIED FOURCHE'

DANS PARIS.

ARTICLE PREMIER.

NOs droits de Gros & d'augmentation feront levez fur chacun bœuf, vache & mouton, vif ou mort, entrant dans la Ville & Fauxbourgs de Paris, à raifon de trois livres quatre fols pour bœuf, trente-deux fols pour vache, & fept fols fix deniers pour mouton, & fur les pieces & morceaux à proportion.

II.

Enjoignons aux Bouchers & autres qui ameneront des bœufs, vaches ou moutons, de payer nos droits au Bureau, & d'en prendre Acquit avant que de les faire entrer au dedans des Barrieres, à peine de confifcation & de cent livres d'amende.

III.

Seront pareillement tenus les Bouchers de repre-fenter au Fermier ou à fes Commis les Acquits de nos droits des deux dernieres femaines, lorfqu'ils

en seront requis , à peine de payer deux fois , auquel cas seront nos droits payez sur le pied du be-
stial qu'ils auront consommé pendant les deux se-
maines precedentes.

V I.

Faisons défenses aux Bouchers & à tous autres d'a-
voir des Bergeries ou Bouveries au dedans des
Barrieres , à peine de confiscation des bestiaux , &
de cinq cens livres d'amende.

V.

Sera payé le sol pour livre du prix des bœufs ,
vaches & moutons qui auront esté vendus dans la
Ville & Fauxbourgs de Paris , revendus , pris en
payement , ou échangez , encore que l'échange ait
esté faite de bestiaux à bestiaux , de mesme ou dif-
ferente espece , & seront tenus les vendeurs de faire
declaration de la vente , & de la verité du prix au
Bureau General , & d'y payer nos droits avant l'enlevement , à peine de confiscation & de cent livres
d'amende.

V I.

La preuve de la vente , revente , prise en payement & échange , & de la fausseté des declarations
sera receuë par témoins , du nombre desquels pourra
estre l'achepteur , à quelque somme que le prix des
bestiaux puisse monter.

V I I.

Les Bouchers marqueront leurs bœufs , vaches
& moutons , & declareront tous les ans avant
Pasques au Bureau General , la marque dont ils

entendent

entendent fe fervir, & en donneront au Fermier de nos droits, un Acte paffé devant Notaires, qui en contiendra la figure, fans qu'ils puiffent la changer pendant le cours de l'année, le tout à peine de confifcation des beftiaux, & de cent livres d'amende.

VIII.

Pourront les Commis faire leurs vifites quand bon leur femblera dans les échaudoirs, tuëries, eftaux & maifons des Bouchers demeurans dans les Faux-bourgs, & dreffer leurs procés verbaux des fraudes, ainfi qu'il fe pratique dans nos autres Fermes. Défendons aux Bouchers, & à leurs ferviteurs de les troubler dans leur exercice, à peine de cent livres d'amende, & de punition corporelle, s'il y échet.

IX.

Nos droits de vente de chacun porc vendu au marché feront payez à raifon du fol pour livre du prix de la vente, de deux fols d'augmentation du fol pour livre, appellez les deux fols des Controlleurs du parifis, fol & fix deniers pour livre attribué aux Jurez Vendeurs, & de dix fols fix deniers, tant pour la fubvention que pour le fol pour livre de la fubvention.

X.

Défendons aux Chaircuitiers de la Ville & Faux-bourgs de Paris d'achepter des porcs dans l'étenduë des vingt lieuës ailleurs qu'aux Marchez de Paris & Sceaux, & aux Foires de faint Oüen & de Lonjumeau, & feront nos droits payez aux Bureaux eftablis fur les lieux, & les Acquits reprefentez au

Q

Bureau des barrieres de Paris , le tout à peine de confiſcation , & de cinquante livres d'amende.

X I.

Les Chaircuitiers Privilegiez ſuivant noſtre Cour, pourront achepter des porcs dans les vingt lieuës , pour eſtre conſommez à la ſuite de noſtre Cour, dans le temps ſeulement que nous ſommes hors de Paris.

XII.

Les Chaircuitiers qui feront entrer dans Paris des porcs acheptez au delà des vingt lieuës, ſeront tenus d'en mener le tiers au Marché pour y eſtre vendus, & nos droits de vente payez ; leur permettons de conduire les deux autres tiers dans leur maiſon, dont ils payeront nos droits, à raiſon de ſeize ſols pour chacun porc; Et à cet effet, leur enjoignons avant que de les faire paſſer au dedans des barrieres, d'en faire declaration au Bureau General, d'y rapporter la certification de l'achapt ſignée du Juge, Notaire ou Tabellion du lieu où il a eſté fait, avec Quittance en bonne forme du payement du prix contenant la numeration des deniers, & la qualité des eſpeces, d'y payer nos droits pour les deux tiers , & d'en repreſenter l'Acquit au Bureau des barrieres, le tout à peine de confiſcation & de cent livres d'amende.

XIII.

Pourront les Bourgeois de noſtre bonne Ville & Fauxbourgs deParis achepter des porcs dans les vingt lieuës,où bon leur ſemblera, pour la proviſion de leur maiſon, & payeront nos droits à l'entrée, à raiſon de quarante ſols pour chacun porc; & en cas qu'ils les ayent acheptez au delà des vingt lieuës, nos droits pour chacun porc ſeront payez au Bureau General avant l'entrée, à raiſon de ſeize ſols ſeulement, en rapportant les certifications & Quittances, & repreſentant les Acquits, comme en l'Article precedent, ſur les peines y contenuës.

X I V.

Leur permettons pareillement de faire entrer pour leur proviſion dans la Ville & les Faux-bourgs de Paris, les porcs du crû de leur terres & maiſons de campagne, ou qui auront eſté nourris, en payant ſeulement au Bureau General, ſeize ſols pour chacun porc, dont ils repreſenteront l'Acquit aux Barrieres avant l'entrée, & ne ſeront les porcs reputez du crû des Bourgeois, s'ils n'en font apparoir par écrit, en repreſentant les pieces juſtificatives de leur proprieté ou poſſeſſion, dont ils laiſſeront copie au Bureau avec une declaration ſignée d'eux; Et en cas que la declaration fuſt trouvée fauſſe, Voulons qu'ils ſoient condamnez, outre la confiſcation, en cinq cens livres d'amende.

X V.

Pourront les Marchands Forains & autres, que les Chaircuitiers de la Ville & Faux-bourgs de Paris, faire porter des porcs en quartiers ou morceaux à la Halle, pour y eſtre vendus les Mercredis & Samedis ſeulement, en payant nos droits au Commis qui y ſera prepoſé à raiſon de cinquante ſols pour chacun porc.

XVI.

Nos droits de vente de chacun veau vendu en la place, feront payez à raifon du fol pour livre du prix de la vente, & l'augmentation à raifon de deux fols du fol pour livre, & de dix fols fix deniers tant pour la fubvention que pour le fol pour livre de la fubvention.

XVII.

Défendons aux Bouchers de la Ville & des Faux-bourgs de Paris, d'acheter des veaux dans les vingt licuës aux environs, à peine de confifcation, & de cent livres d'amende.

XVIII.

Défendons auffi fur pareille peine à toutes per-fonnes d'en faire entrer dans la Ville & Fauxbourgs de Paris, fi ce n'eft pour eftre vendus en la place établie à cet effet.

XIX.

Pourront les Bourgeois y faire entrer les veaux du crû de leurs terres & maifons de campagne, ou qui y auront efté nourris, en payant feulement dou-ze fols deux deniers pour chacun veau, aux condi-tions, & fur les peines portées par l'Article quatorze.

XX.

Pourront auffi les Bouchers privilegiez fuivant noftre Cour, acheter les veaux dans les vingt lieuës, pour eftre confommez à la fuite de noftre Cour dans le temps feulement que nous fommes hors de Paris.

XXI,

X X I.

Ceux qui feront entrer des veaux & des porcs entiers ou par morceaux, feront tenus de declarer aux Bureaux établis aux barrieres, les noms des Proprietaires à qui ils appartiennent, leur nombre, leur qualité, s'ils font du crû des Bourgeois, s'ils font deftinez pour leur provifion ou pour eftre vendus ; Dans tous lefquels cas ils feront tenus de configner entre les mains des Commis trente fols pour chacun veau, & trois livres pour chacun porc, & pour les morceaux à proportion, à peine de confifcation, & de cent livres d'amende.

X X I I.

Seront délivrez par les Commis des Bureaux établis aux barrieres des acquits ou billets, contenant la quantité & qualité des porcs & des veaux qui feront entrez, & les fommes qui auront efté confignées, lefquelles feront renduës en rapportant l'acquit de nos droits.

X X I I I.

Voulons que les porcs & veaux qui excederont le nombre porté par les billets, & que la valeur de ceux qui ne feront point reprefentez foient confifquez, & les Marchands condamnez en cent livres d'amende, & fera l'eftimation faite fuivant le prix courant du marché.

X X I V.

Enjoignons aux Vendeurs de faire leur declaration au Bureau étably au marché & en la place, de la quantité des porcs & des veaux qu'ils auront vendus , & du veritable prix de la vente , à peine de confiſcation , & de cent livres d'amende.

X X V.

Leur enjoignons ſur les meſmes peines de faire pareilles declarations des porcs qui ſeront vendus par quartiers & morceaux en la Halle.

X X V I.

Défendons de faire entrer les bœufs, vaches, moutons, porcs & veaux dans la Ville & les Faux-bourgs, ailleurs que par les barrieres de ſaint Victor, Port-Royal, des Carmes, de S. Germain, du Roulle, de la Ville-Leveſque, ſainte Anne, ſaint Denys, ſaint Martin, la Croix-faubin, Picpus & Rueilly, & par les portes de la Conference, ſaint Honoré, Mont-martre, ſaint Denys, ſaint Martin, du Temple, & de ſaint Antoine, à peine de confiſcation & de deux cent livres d'amende.

X X V I I.

Défendons auſſi de les faire entrer de nuit & à heure induë, mais ſeulement depuis cinq heures du matin juſqu'à huit heures du ſoir, depuis le premier Avril, juſques au premier Octobre, & depuis ſept heures du matin juſqu'à cinq heures du ſoir, depuis le premier Octobre juſqu'au premier Avril, à peine de confiſcation & de cent livres d'amende.

X X V I I I.

Seront tenus ſur les meſmes peines ceux qui les conduiront dans la Ville & les Fauxbourgs de declarer aux Commis quand ils en ſeront requis, les noms de ceux à qui le beſtial appartient , &

de reprefenter les acquits ou billets d'envoy.

X X I X.

Défendons pareillement aux Bouchers & Chaircuitiers d'acheter des chairs par morceaux, à peine
de confifcation, & de cent livres d'amende.

X X X.

Les Bouchers, Chaircuitiers, Marchands Forains,
& autres qui feront amener du beftial à pied four-
ché, feront refponfables civilement du fait de leurs
Facteurs & ferviteurs.

X X X I.

Seront nos droits mentionnez dans les Articles
precedens payez par toutes perfonnes, Corps, Colleges, & particuliers, de quelque qualité qu'ils foient,
fans exemption ny privilege.

DES DROITS
SUR LE POISSON DE MER,
FRAIS SEC ET SALLE'
DANS LA VILLE DE PARIS.

ARTICLE PREMIER.

NOs droits de vente fur le poiffon de mer frais , fec & fallé , que nous avons reglez à vingt-quatre deniers pour livre du prix de la vente qui en fera faite en noftre bonne Ville de Paris, feront payez par toutes fortes de perfonnes nonobftant tous Privileges.

I I.

Les Voituriers par eau & par terre qui ameneront du poiffon de mer fec & fallé , deftiné pour noftre bonne Ville de Paris , feront tenus avant que de le faire enlever des Ports de mer & autres lieux d'où ils partiront , de prendre des Lettres de voitures.

I I I.

Les tonneaux , & barils dans lefquels le poiffon fera mis pour eftre voituré , feront marquez de la marque du Marchand, auquel il fera adreffé , & fera la marque empreinte à la marge de la Lettre de voiture.

I V.

I V.

Seront tenus les Voituriers en partant des lieux où il y aura un Commis étably par le Fermier de nos droits de luy reprefenter leurs Lettres de voi_ ture, pour eftre par luy enregiftrées & controllées, & de luy declarer le jour de leur départ ; & aux lieux où il n'y aura point de Commis étably , ils feront paffer leurs Lettres de voiture pardevant un Notaire ou Tabellion, ou pardevant le Greffier de la Juftice.

V.

Les Lettres de voiture feront mention de la quantité, de la qualité & de la deftination de la mar- chandife, du nom & de la demeure du Marchand ou Commiffionnaire qui l'envoye , & de celuy à qui elle fera adreffée.

V I.

Sera la marchandife conduite directement & fans féjour en noftre bonne Ville de Paris , fans qu'elle puiffe eftre mife en magazin ou folle ; ven_ duë ou déchargée fur le chemin , fous quelque pre- texte que ce foit , & fera permis à noftre Fermier de faire preuve des contraventions à quelque fom- me qu'elles puiffent monter.

V I I.

Les Voituriers par terre feront tenus de faire entrer leur marchandife dans noftre bonne ville de Paris, par les Barrieres de faint Jacques, faint Mi- chel, le Roule, fainte Anne, Barrieres Poiffonnie- res & de S. Denys, & par les Portes de S Jacques,

S

de S. Michel, de S. Honoré, & de S. Denys.

VIII.

Seront aussi tenus de mener leur marchandise directement en la Halle, leur défendons de la décharger ailleurs, & pourra le Fermier faire ses visites dans les Hostelries, mesme dans les maisons des Marchands en gros ou en détail, sans qu'il soit besoin d'en demander permission en Justice, & seront les Hosteliers ou autres qui l'auront receuë en leurs maisons, condamnez en deux cent livres d'amende.

IX.

Seront encore tenus en arrivant à la Halle de faire leur declaration & de representer leurs Lettres de voiture pour estre registrées & visées par le Fermier ou son Commis, & ensuite à eux renduës après que celuy à qui la marchandise aura esté adressée s'en sera chargé sur le Registre.

X.

La declaration qui sera donnée par les Voituriers contiendra la qualité & la quantité de la marchandise, dont ils seront chargez, & le nom de ceux à qui elle sera adressée.

XI.

Les Voituriers par eau seront tenus d'aborder au Port de saint Nicolas, leur défendons d'aborder ailleurs.

XII.

Seront aussi tenus le jour de leur arrivée & avant la décharge d'aucune marchandise, de faire leur declaration au Bureau , conformément à l'Article dix, & de reprefenter leurs Lettres de voiture , pour eftre regiftrées & visées par le Commis, & enfuitte à eux renduës , aprés qu'ils auront figné fur le Regiftre,fans qu'ils foient obligez de faire figner les Marchands.

<h3 style="text-align:center">XIII.</h3>

Le poiffon ne pourra eftre tiré hors du bateau fans le congé par écrit du Fermier ou de fon Commis ; & fera le congé délivré aux Voituriers auffi-toft qu'ils auront fait leur declaration.

<h3 style="text-align:center">XIV.</h3>

Ne pourront les Marchands ou Voituriers faire décharger leurs Bateaux de nuit & à heure in-deuë , mais feulement depuis cinq heures du matin jufqu'à midy,& depuis deux heures de relevée juf-qu'à fept, depuis le premier Mars jufqu'au premier Octobre , & depuis fept heures du matin jufqu'à midy, & depuis deux heures de relevée jufques à cinq , depuis le premier Octobre jufques au premier Mars ; leur défendons de faire décharger leurs Bateaux , finon en prefence de l'un des Commis du Fermier qui tiendra Regiftre de tout le poiffon qui aura efté déchargé.

<h3 style="text-align:center">XV.</h3>

En cas de contravention aux Articles precedens par les Voituriers par eau ou par terre , fera le poiffon confifqué avec les équipages fervans à la voiture , & feront les Voituriers condamnez en cent livres d'amende.

XVI.

Le poisson qui aura esté conduit en la Halle sera déchargé en la maniere accoustumée; & si la place est remplie, il sera convenu par le Fermier & les Marchands d'un lieu commode pour le mettre, dont ils auront chacun une clef, & en cas de contestation, ils seront reglez par un des Officiers de l'Election.

XVII.

Sera la Halle fermée à deux differentes clefs, dont l'une sera depofée entre les mains du Garde de la Halle, & l'autre entre les mains du Fermier de nos droits.

XVIII.

La vente en gros du poisson de mer sec & sallé sera faite dans la Halle trois jours de chaque semaine; sçavoir les Mardys, Mercredys & Samedys, s'ils sont jours ouvriers, sinon les jours suivans, & si les jours suivans estoient jours de Festes, ou jours de vente, elle sera faite le jour precedent; & neanmoins pendant le Caresme & quinze jours auparavant, pourra la vente estre faite tous les jours.

XIX.

Défendons aux Marchands de poisson en gros d'en vendre en détail, & ailleurs que dans la Halle, & à toutes personnes d'en achepter hors la Halle, à peine de confiscation, & de cinquante livres d'amende.

XX.

La vente ne pourra estre faite que depuis six
heures

heures du matin jufques à midy , & depuis deux heures de relevée jufques à cinq, depuis le premier Octobre jufques à Pafques , & depuis fept heures du matin jufques à midy , & depuis deux heures de relevée jufques à cinq , depuis Pafques jufques au premier Octobre.

X X I.

Les Marchands feront tenus auffi-toft aprés la vente de faire declaration au Commis qui fera préposé à la Halle par le Fermier de nos droits, de la marchandife qu'ils auront venduë , du prix de la vente, & du nom de l'achepteur, à peine de confifcation , & de cinquante livres d'amende & pourra le Fermier faire preuve tant par titres, que par témoins de la fauffeté de la declaration , à quelque fomme qu'elle puiffe monter.

X X I I.

Seront pareillement tenus les Marchands de declarer au Fermier ou à fon Commis , lorfqu'ils en feront requis la quantité de poiffon à eux appartenant qui reftera dans la Halle.

X X I I I.

La deftination du poiffon qui paffe debout par noftre bonne ville de Paris , fera faite par les Lettres de Voiture ; & feront à cet égard les Articles deux, trois, quatre, cinq , fix , onze & douze executez comme pour le poiffon deftiné pour la ville de Paris.

X X I V.

Le poiffon deftiné pour paffer debout par noftre bonne Ville de Paris , & qui y aura efté mené par eau ou par terre, n'en pourra eftre enlevé fans le congé du Fermier de nos droits , qui fera délivré aux Marchands aprés qu'ils auront rapporté au Bureau un certificat des Jurez Vendeurs, que noftre bonne Ville de Paris eft fuffifamment fournie, & le congé de noftre Procureur general pour le fait de la marchandife de Saline , ce qu'ils feront tenus de faire dans trois jours, à compter de celuy de leur arrivée , finon fera le poiffon mené à la Halle, & feront pareillement tenus les Marchands de Paris, d'en faire l'enlevement huit jours aprés le congé obtenu , & les Forains quinzaine aprés, le tout aux peines portées par l'Article quinze.

XXV.

Le certificat des Jurez Vendeurs , & le Congé de noftre Procureur general de la Marée demeureront au Bureau , & il en fera fait mention dans le Congé qui fera donné au Marchand par le Fermier de nos droits.

XXVI.

Les Marchands qui prendront un Congé feront leurs fubmiffions au Bureau , de rapporter dans un mois au plus tard du jour de l'enlevement Certificat de defcente figné du Marchand , auquel la marchandife aura efté adreffée , & des Maires & Efchevins , ou autres Officiers du lieu de fa deftination, qui fera paffé pardevant leur Greffier , ou pardevant Notaires ou Tabellions, à peine du double de nos droits , & à faute de rapporter le Certificat dans le temps porté par leurs submiſſions, pourra le Fermier de nos droits decerner ſes contraintes contr'eux, ſi ce n'eſt qu'ils ayent eſté retardez par les glaces ou par le débordement des eaux, & ne feront les contraintes executoires qu'elles n'ayent eſté viſées par un des Officiers de l'Election ou à leur refus ſignifiées au Greffe.

XXVII.

Défendons à toutes perſonnes d'entrepoſer ny tenir en magazin aucun poiſſon de mer ſec & ſalé dans les trois lieuës aux environs de noſtre bonne Ville de Paris, à compter de l'extremité des Fauxbourgs, ny d'en faire aucun commerce, s'il n'a eſté acheté dans Paris, & nos droits payez, à peine de confiſcation, & de cinq cent livres d'amende.

XXVIII.

Le poiſſon de mer frais qui ſera amené en noſtre bonne Ville de Paris, ſera mené directement à la Halle: Défendons de le porter ailleurs, à peine de confiſcation & de cent livres d'amende, tant contre les Chaſſe-marées, que contre les Hoſteliers, & tous autres qui l'auront receu dans leurs maiſons; Et à cet effet, voulons que l'Article huit ſoit executé pour le poiſſon frais comme pour le ſec & ſalé.

XXIX.

Seront tenus les Chaſſe-marées ſur les meſmes peines de faire leur declaration à leur arrivée au Fermier ou à ſon Commis, de la qualité & quantité de poiſſon, qu'ils auront amené,

XXX.

La vente du poisson frais sera faite par les Vendeurs au plus offrant & dernier encherisseur en la maniere accoustumée, dont sera tenu Regiftre par le Fermier de nos droits, pour en estre les droits payez sur le pied du prix de la vente.

XXXI.

Ne pourront les Vendeurs payer aux Chasse-marées le prix du poisson, qui aura esté vendu, sinon dans le Bureau étably à cet effet & en presence du Fermier, auquel ils seront tenus de representer leurs Bordereaux & Regiftres, & luy payer nos droits.

XXXII.

Les Bourgeois qui auront fait amener du poisson de mer, frais, sec ou salé pour leur provision, seront tenus de payer nos droits comme s'il avoit esté vendu en la Halle; & en cas de contestation avec le Fermier pour l'estimation du poisson, ils seront reglez par l'un des Jurez Vendeurs tenant les Comptoirs du poisson frais, au choix & option du Bourgeois; Et le mesme sera observé pour les Pourvoyeurs de nostre Maison.

XXXIII.

Les Marchands & Voituriers seront responsables civilement du fait de leurs Facteurs & Serviteurs.

XXXIV.

Faisons défenses à toutes personnes d'aller au devant du poisson qui sera destiné pour nostre bonne Ville de Paris, & d'empescher les Marchands forains d'y en faire conduire, à peine de cinq cens livres d'amende.   DES

DES DROITS
SUR LE BOIS DANS PARIS.

ARTICLE PREMIER.

NOs droits de trois fols pour livre fur le bois ouvré & à baftir, de fciage & charonnage, que nous avons fixé, fuivant le Tarif attaché fous le contre-fcel des Prefentes, feront levez à l'entrée de noftre bonne Ville de Paris, Fauxbourgs & Banlieuë, & payez par toute forte de perfonnes fans exemption ny privilege.

II.

Défendons de lever aucun autre droit fur le bois de quelque qualité qu'il foit non compris au Tarif, à peine de concuffion.

III.

Nos droits feront levez tant fur le bois deftiné pour eftre employé dans la Ville, Fauxbourgs & Banlieuë de Paris, que fur celuy qui paffera debout.

I V.

Enjoignons aux Marchands, tant de la Ville de Paris que Forains, qui feront arriver du bois fujet à nos droits, tant par eau que par terre, de faire leur declaration au Bureau avant que le décharger, de leur nom, furnom & demeure, & du Chantier

V

où ils entendent le conduire, de la quantité & qualité, & d'y reprefenter leurs Lettres de Voiture en
bonne forme, le tout à peine de confifcation, &
de cent livres d'amende.

V.

Les Proprietaires du bois qui le conduiront en
perfonne, feront tenus d'eftre porteurs de declarations paffées pardevant des perfonnes publiques,
qui contiendront les mefmes declarations que les
Lettres de Voitures, & de les reprefenter au Bureau,
fur pareilles peines.

V I.

Défendons aux Marchands & Voituriers d'enlever le bois qu'il n'ait efté vifité & controllé par
les Commis, & que nos droits n'ayent efté payez,
le tout à peine de confifcation & de cent livres
d'amende.

V I I.

Seront tenus les Marchands de mettre le bois
en eftat de pouvoir eftre compté ; finon permettons au Fermier de nos droits de le faire aux frais
des Marchands ; pour le rembourfement defquels
frais les Marchands & Voituriers feront contraints
folidairement ainfi que pour nos droits, par faifie
& arreft de leurs Bateaux, Charettes & Chevaux.

V I I I.

Voulons que ce qui excedera la quantité portée par les Lettres de Voitures, ou declarations, ou
qui fera d'une autre qualité que celle qui eft expri-
mée foit confifqué, & que les contrevenans foient

...ondamnez en cent livres d'amende ; pour seureté
de laquelle , le Fermier de nos droits pourra proceder par saisie , mesme sur le bois bien & deuëment declaré , Bateaux, Charrettes & Chevaux cy-
dessus.

IX.

Ne pourront les Marchands enlever le bois du
Port , depuis le premier Avril jusqu'au premier Octobre , que depuis cinq heures du matin jusqu'à sept
heures du soir , & depuis le premier Octobre jusqu'au premier Avril , que depuis sept heures du matin
jusqu'à cinq heures du soir , à peine de confiscation,
& de cent livres d'amende.

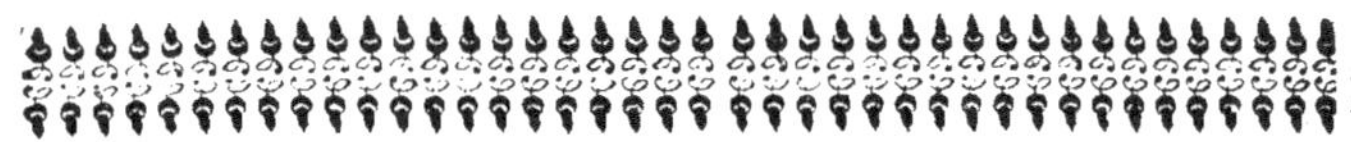

DROITS DE DETAIL
SUR LE VIN.

TITRE PREMIER.

Des droits fur la vente du vin en détail.

ARTICLE PREMIER.

NOs droits de huitiéme & d'augmentation fur le vin vendu en détail, feront payez fous le nom de droit reglé, que Nous avons fixé à cinq livres huit fols pour chacun muid de vin mefure de Paris vendu à pot, & à fix livres quinze fols pour celuy qui eft vendu à affiette, & pour les autres vaiffeaux à proportion.

II.

N'entendons comprendre au precedent Article la Generalité de Poitiers, & les Elections d'Angoulefme, faint Jean d'Angely, Bourganeuf, le Blanc, Xaintes & Coignac, dans lefquelles fera payé feulement cent fols pour muid de vin vendu en détail, tant à pot qu'à affiette. Comme auffi les Villes & Fauxbourgs d'Orleans, Laon, Reims, Chafteau Portien, faint Dizier, Paroiffes de Beaumont en Argonne & de Clinchamp, Châtellenies

de

de Chantoceaux & de Gefté, dans lefquelles il fera levé feulement trente-trois fols pour chacun muid, tant à pot qu'à affiette, & pareillement la Ville & Fauxbourgs de Coucy, dans laquelle fera payé feulement quatre livres trois fols pour muid vendu à pot, & cinq livres trois fols pour muid vendu à affiette. La Ville & Fauxbourgs de Chaalons, dans laquelle fera feulement payé cent fols pour muid de vin d'achapt vendu à pot, & pour le vin du crû des Bourgeois par eux vendu à pot cinquante fols, & fept livres pour le vin vendu à affiette. La Ville & Fauxbourgs de Lyon, dans laquelle il fera payé quatre livres quatre fols pour muid de vin d'achapt vendu à pot, & cinq livres cinq fols pour muid vendu à affiette; Et à l'égard du vin du crû des Bourgeois par eux vendu à pot, il ne fera payé aucuns droits de détail. La Ville & Fauxbourgs de Bourges, dans laquelle fera payé pour muid vendu à affiette, trente-trois fols. Les Villes & Fauxbourgs du Mans, Chaumont, Villeneuve-le-Roy, Paroiffes de Dixmont-les-Bordes & Voifines, dépendantes de l'Election de Sens, dans lefquelles il fera levé feulement vingt-huit fols pour muid de vin du crû des Bourgeois par eux vendu à pot. Les Villes & Fauxbourgs de Mezieres, Donchery & Rethel Mazarini; dans lefquelles il fera levé feulement trente-fols, & dans les autres lieux de l'Election de Rethel trente-trois fols pour muid vendu, tant à pot qu'à affiette.

X

III

Sera payé quinze livres pour chacun muid de vin
muscat de Frontignan, Cioutat & autre de mesme
qualité; Et pour le vin d'Espagne & autre vin étranger, soit qu'il soit vendu à pot ou à assiette, avec
l'augmentation du détail à proportion.

IV.

Ne sera faite aucune déduction pour les boissons,
coulages, déchets & lies.

***

TITRE DEUXIE'ME.

De la vente du vin en détail.

ARTICLE PREMIER.

ENjoignons à tous vendans vin avant que
d'en commencer le debit, de declarer non
seulement le vin qu'ils ont dessein de vendre, mais
generalement tout le vin qu'ils ont en leur possession dans une ou plusieurs caves, laquelle declaration sera faite aux Bureaux de la Recepte dans les
lieux où ils sont établis, & aux Commis aux exercices dans ceux où il n'y a point de Bureau, &
contiendra les lieux où ils entendent en faire la
vente, si c'est à pot ou à assiette, s'il est du crû ou
d'achapt, de laquelle declaration ils retireront un
acte qui leur sera délivré sans frais par les Commis,
le tout à peine de confiscation & de cent livres d'a-
mende.

II.

Leur enjoignons sous pareilles peines aprés leur

declaration faite comme deſſus, de mettre bou_
chons & enſeignes à leurs portes, & aux autres
lieux où ils feront le debit de leur vin.

I I I.

Leur défendons ſous pareilles peines de vendre
aucun vin en détail, s'ils n'en ont en muids ou
demy muids dans leurs caves, en ce non compris
le vin de liqueur.

I V.

Le vin tant du crû que d'achapt vendu partie
à pot & partie à aſliette, ſera reputé vendu pour le
tout à aſliette, bien que le debit en ait eſté fait en
differentes caves, maiſons & quartiers, & à cet effet permettons aux Commis d'entrer dans les maiſons des vendans vin en détail, meſme aux jours
de Feſtes & de Dimanches hors les heures du ſer-
vice divin, dont leur ſera faite ouverture, ſinon en
cas de refus feront reputez vendans vin à aſliette.
Voulons de plus que ſi aprés leur declaration de
vendre à pot, ils ſont trouvez vendant à aſliette,
ils ſoient condamnez pour chacune contravention
en trois cens livres d'amende.

V.

Ne pourront neanmoins les Commis entrer dans
les chambres des Bourgeois vendans vin de leur
crû à pot, ſous pretexte qu'ils ont avis qu'ils le vendent à aſliette ſans en avoir obtenu la permiſſion
en Juſtice.

V I.

Les vendans vin en détail ne pourront durant le

temps de leur debit, avoir aucunes ouvertures dans les murs de féparation des maifons voifines, à peine de confifcation du vin qui y fera trouvé, & de cent livres d'amende, & à cet effet permettons aux Commis d'y faire les vifites & de fceller les portes de communication, qui ne pourront eftre ouvertes qu'en leur prefence en cas de neceffité fur pareilles peines.

V I I.

Leur défendons auffi durant le temps de leur debit de tenir aucuns Ateliers de chaudieres à eau de vie, à peine de confifcation des utenfiles & de l'eau de vie, & de cent livres d'amende, n'entendons neanmoins rien innover dans l'ufage de noftre Province d'Anjou.

V I I I.

Leur défendons pareillement de faire enlever le vin de leurs caves fous pretexte de l'avoir vendu en gros, finon aprés qu'il aura efté démarqué par les Commis aux exercices, à peine d'eftre condamnez au payement du double droit de détail, nonobftant le dépry, & la quittance de nos droits de Gros, dont ils ne pourront demander la reftitution, & feront tenus les Commis de venir démarquer dans les vingt-quatre heures de la fommation, finon la fommation par écrit vaudra Congé.

I X.

Leur faifons femblables défenfes de faire aucun remplage de vin fur les tonneaux marquez,

ou

ou démarquez, sans y appeller les Commis, à peine de confiscation du vin qui aura esté remply , &
de cent livres d'amende.

X.

Ne pourront les vendans vin en détail se servir
de rapez de copeaux , en quelque maniere que
ce soit , à peine de confiscation & de cent livres
d'amende ; Permettons aux Commis s'ils en trou-
vent en leurs caves de les faire enlever , & mettre
entre les mains de personnes solvables , aprés que
les bondons auront esté cachetez , & à faute d'en
trouver qui s'en veüillent charger , les faire porter
au Bureau de la Ferme , les débondonner en presence d'un Tonnelier , ou d'un Habitant des lieux,
la partie saisie presente , ou deuëment appellée, &
leur faire voir les copeaux , dont ils dresseront
leur procés verbal qu'ils feront signer , tant à la
partie saisie qu'au Tonnelier ou à l'habitant , sinon
ils y feront mention de l'interpellation & du refus.

X I.

Ne pourront aussi se servir de rapez de rai-
sins, s'ils n'ont au moins vingt muids de vin dans
leurs caves , dans le temps que le vin sera mis sur
le rapé. Auquel cas ils pourront avoir un rapé de
demy-muid , & pour quarante muids & au dessus
un rapé d'un muid en une ou deux pieces, à peine
de confiscation des rapez qui seront en plus gran-
de quantité, & de cent livres d'amende.

X I I.

Ne pourront sur les mesmes peines tenir les ra-

pez de raiſins en d'autres caves que celles de leur
domicile , bien qu'ils faſſent le debit en differentes caves , ny mettre le vin ſur les rapez que le
Fermier ou ſes Commis n'y ſoient preſens , ou
deuëment appellez.

X I I I.

Seront tenus le vendans vin de payer nos droits
de détail de tout le vin pris en venuë , meſme de
celuy qu'ils pourroient pretendre eſtre gaſté , s'ils
en ont diſposé, en quelque maniere que ce ſoit,
avant qu'il ait eſté démarqué par les Commis aux
exercices ; & ne ſera le vin démarqué que la défe-
ctuoſité n'en ait eſté reconnuë par les Commis,
en le goûtant, ou faiſant goûter par Experts en preſence des parties intereſſées ou elles deuëment appel-
lées, dont ils dreſſeront leur procés verbal, auquel
cas leur permettons d'en tirer telle quantité & d'y
verſer autant de vinaigre qu'ils jugeront à propos.

X I V.

Les baiſſieres du vin qui aura eſté vendu & démarqué feront ſurvidées les unes dans les autres, &
à meſure qu'un tonneau en ſera plein , il ſera inceſ-
ſamment tiré hors la cave & tranſporté chez les
Vinaigriers , & feront les tonneaux vuides, tirez
pareillement hors des caves & défoncez , à peine
de cent livres d'amende en cas de contravention.

X V.

Défendons à tous vendans vin en détail de le
cacher ou receler dans leurs maiſons ou alleurs,
à peine de confiſcation & de cent livres d'amende;

leur défendons fur pareilles peines d'envoyer achepter du vin par pintes, cruches, barils, & autres vaiffeaux de pareille qualité, voulons qu'il foit procedé extraordinairement contre ceux qui s'en trouveront faifis.

TITRE TROISIE'ME.

Des Hofteliers, Taverniers & Cabaretiers.

ARTICLE PREMIER.

SEront les Articles deux, trois, quatre, fix &
fuivans du Titre precedent executez à l'égard
des Hofteliers, Taverniers & Cabaretiers fur les
mefmes peines.

II.

Les Taverniers de noftre bonne ville & fauxbourgs
de Paris qui vendront partie à pot, & partie à affiette, feront tenus outre nos droits de fix livres
quinze fols pour muid, de payer le gros du total,
déduction faite du tiers qu'ils auront payé pour la
portion qu'ils font tenus de mettre fur l'Etape.

III.

Seront tenus les Taverniers, Hofteliers & Cabaretiers, excepté ceux de noftre bonne ville &
fauxbourgs de Paris, de declarer au Commis à la
premiere fommation, s'ils ont du vin en d'autres
lieux dans l'étenduë de l'Election où ils demeurent, à peine de confifcation du vin qu'ils n'auront

pas declaré, au profit du Fermier qui l'aura requis, & de cent livres d'amende.

I V.

Défendons à tous Hosteliers, Taverniers & Cabaretiers de loger en leurs maisons aucunes personnes, soit de pied ou de cheval, sans avoir du vin en perce & en vente, en muids ou demy-muids dans leurs caves, ny permettre qu'aucun boive en leur maison sous pretexte qu'il envoye achepter & prendre du vin ailleurs, sur peine de trois cens livres d'amende.

V.

Ne pourront les Taverniers qui auront ouvert leurs caves, les refermer pour quelque cause & occasion que ce soit, jusques à ce que tout le vin qui a esté marqué soit vendu en détail ; Ne pourront aussi les Hosteliers & Cabaretiers refermer leurs caves, sinon en le dénonçant au Fermier de nos droits trois mois auparavant : & en cas de contravention, Voulons qu'ils soient contraints au payement du quartier pendant lequel ils auront discontinué la vente, sur le pied du precedent.

V I.

Pourront neanmoins les veuves ou heritiers des Cabaretiers, Hosteliers & Taverniers cesser le commerce, en le dénonçant au Fermier de nos droits dans la quinzaine, à compter du jour du deceds, & à faute de le dénoncer dans la quinzaine, ne pourront cesser le debit que trois mois aprés la dénonciation qu'ils en auront faite, sur les peines portées en l'Article precedent.

V I I.

VII.

Défendons à tous nos Sujets d'encaver dans leurs maisons aucun vin appartenant aux Hosteliers, Taverniers & Cabaretiers, à peine d'estre condamnez en cinq cens livres d'amende, solidairement avec ceux dont ils auront retiré le vin, outre la confiscation.

TITRE QUATRIE'ME.

De ceux qui logent en Chambres garnies, & autres de pareille qualité.

ARTICLE PREMIER.

NOs droits seront payez de tout le vin, tant du crû que d'achapt qui sera consommé dans la maison de ceux qui logent en Chambres garnies dans tous les lieux où nos Aydes ont cours comme de vin vendu à assiette.

II.

Sont sujets aux mesmes droits, ceux qui tiennent des Pensionnaires au jour, semaine, mois & à l'année, excepté seulement les Pedagogues & Regens qui tiennent des Ecoliers estudians actuellement aux Universitez ou dans les Colleges publics ; les Escuyers, qui avec nostre Permission par écrit tiennent Academie, & les Procureurs, Notaires & autres de condition plus relevée, qui tiennent des Pensionnaires.

Z

I I I.

Enjoignons aux Pedagogues & Regens, de reprefenter aux Elûs lorfqu'ils en feront requis , les
Livres contenant les noms de leurs Penfionnaires,
& le temps qu'ils font entrez dans leurs maifons, à
peine de payer nos droits , comme logeans en
Chambres garnies , à raifon de deux muids par
mois.

I V.

Seront auffi tenus les Pedagogues & Regens qui
logeront d'autres perfonnes avec les Ecoliers, de
payer nos droits de fix livres quinze fols pour muid,
de tout le vin qui fera confommé dans leur maifon.

V.

Défendons aux Buvetiers, mefme à ceux de nos
Cours, de vendre vin en détail , à peine de payer
nos droits de fix livres quinze fols de tout le vin
qui aura efté confommé dans leurs Buvettes durant
l'année de leur commerce , mefme de celuy qu'ils
auront fourny à nos Officiers ; & à cet effet ils feront tenus de fouffrir les vifites & les marques des
Commis.

V I.

Declarons fujets aux mefmes droits les Traiteurs,
Maiftres de Jeux de Paulme , Vivandiers , Gargotiers , Concierges des Prifons & baftimens deftinez
pour les Foires, encore qu'elles foient franches , &
que le vin foit debité durant qu'elles fe tiennent.

V I I.

Voulons que ceux qui logent en Chambres garnies & autres de pareille qualité cy-devant nommez, mefme les Buvetiers qui vendent vin en détail foient tenus de fe fournir fur l'Etape & Places publiques, & fujets en ce qui concerne nos droits, aux mefmes Reglemens que les Hofteliers, à la referve toutefois de la contrainte par corps.

TITRE CINQUIE'ME.

Des exercices des Commis.

ARTICLE PREMIER.

LES Commis aux exercices des Aydes feront âgez au moins de vingt ans, non parens ny alliez du Fermier, ny Intereffez dans la Ferme, & feront receus au ferment par nos Officiers de l'Election, dans le détroit de laquelle ils feront employez fans information de vie & mœurs, & fans conclufions ny Commiffions des Subftituts de nôtre Procureur General fur les lieux, fur la nomination du Fermier de nos droits qui demeurera civilement refponfable de leur adminiftration, fi mieux n'ayment le faire recevoir en noftre Cour des Aydes, auquel cas les Commis y feront receus en la mefme maniere, & pourront exercer dans toutes les Elections de fon reffort fans nouveau ferment, & fera feulement celuy qu'ils auront prefté en noftre Cour des Aydes, enregiftré fans frais en l'Election de leur exercice.

II.

Seront tenus les vendans vin à la premiere fommation des Commis d'ouvrir leurs caves, celliers, & autres lieux de leurs maifons pour y faire les vifites neceffaires, & y eftre le vin inventorié, marqué & roüanné, pris en venuë & vuidange; Et en cas de refus, pourront les Commis en faire faire ouverture par le premier Sergent, Serrurier ou Marefchal fur ce requis, deux voifins prefens ou deuëment appellez, fans demander permiffion en Juftice.

III.

Seront auffi tenus les vendans vin de declarer aux Commis les lieux où ils auront acheté le vin & le prix de l'achapt, & d'en reprefenter les congez, s'ils en font requis à la premiere vifite, à peine de cent livres d'amende; Et à cet effet, feront tenus les Commis & Gardes de laiffer les congez biffez & lacerez entre les mains des Voituriers qui les donneront aux Marchands.

IV.

Les vendans vin declareront pareillement les caves où ils l'auront fait defcendre, tant celles où ils font le debit, que celles où ils le tiennent en magazin, à peine de confifcation du vin qui fe trouvera dans les lieux non declarez, & de cent livres d'amende.

V.

Les Regiftres portatifs des Commis aux exercices feront reliez, les feüillets cottez par premier & dernier, & paraphez par l'un des Elûs feulement,

ment, le tout à peine de nullité ; Pourra neanmoins
le Fermier y mettre son paraphe avec celuy de l'Elû
si bon luy semble : Et seront tenus les Commis de
distinguer dans leurs Registres les vendans vin à assiette, d'avec les vendans vin à pot, sinon les vendans vin à assiette ne seront tenus de payer nos
droits que comme vendans vin à pot.

V I.

Seront les exercices toutes les fois qu'ils seront
faits chez les vendans vin signez de deux Commis,
qui seront tenus de faire signer avec eux sur leurs
Registres portatifs, tant en venuë que vuidange les
vendans vin, & en leur absence les domestiques ou
ceux qui sont préposez à la vente, ou de les interpel-
ler de signer, & d'en écrire autant sur le livre où les
feüilles des vendans vin, qui les representeront aux
Commis à la premiere requisition qui leur en sera faite, en parlant à leurs personnes, leurs femmes ou autres préposez au debit de leur vin ; & en cas de refus
de representer leur livre ou feüilles, ou de signer sur
les Registres portatifs, les Commis en feront mention sur leurs Registres, & en laisseront copie signée
d'eux, au moins dans le mesme jour, le tout à peine de nullité de l'exercice, dans lequel l'obmission
aura esté faite, & de répondre par les Commis des
dommages & interests envers le Fermier.

V I I.

Seront aussi les procés verbaux concernans les
fraudes & autres incidens survenus dans les exercices
signez de deux Commis qui seront tenus de les fai-

A a

re figner aux parties intereffées, ou d'y faire mention des interpellations & des refus ; comme auffi d'en laiffer copie le mefme jour, & de les affirmer véritables pardevant l'un des Elûs dans la quinzaine au plus tard à l'égard des Elections compofées de cent Paroiffes, & au deffus, & dans la huitaine pour les autres Elections ; Sera l'acte d'affirmation mis au pied du procés verbal, & figné fans frais de l'Officier, & feront les contrevenans affignez dans la huitaine du jour de l'affirmation, le tout fur pareille peine de nullité à l'égard des vendans vin, & des dommages & interefts du Fermier contre les Commis.

VIII.

Ne feront tenus les Commis à autres formalitez dans leurs exercices, Regiftres portatifs, & procés verbaux, qu'à celles prefcrites par ces prefentes.

IX.

Les Regiftres portatifs, les procés verbaux, & les copies qui en auront efté laiffées aux vendans vin feront foy, fauf l'infcription de faux qui ne fera receuë tant des vendans vin contre les Regiftres & les procés verbaux, que du Fermier contre les copies, qu'en confignant la fomme de cinquante livres en noftre Cour des Aydes, & de trente livres dans les Elections.

X.

Pourront les Commis ailleurs que dans les Villes où il y a Election, exercer les vendans vin en détail par diminution ; en forte qu'ayant marqué &

pris en venuë un tonneau plein dans une premiere visite, il leur soit loisible dans les visites suivantes de le marquer à l'endroit où aboutit la vuidange, encore qu'elle soit au dessous du quart, & d'en charger leurs Regiftres portatifs.

X I.

Les Commis aux exercices contre lefquels il y aura decret d'ajournement perfonnel, prefteront l'interrogatoire en la maniere accoûtumée, aprés lequel fans qu'il foit befoin d'aucun jugement ils continüeront leurs fonctions, excepté dans les caves & celliers des vendans vin où l'action qui aura donné lieu au decret fera arrivée.

TITRE SIXIE´ME.

Des contraintes pour les droits de Détail.

ARTICLE PREMIER.

POurra le Fermier de nos droits délivrer fes contraintes à la fin de chacun mois fur les eftats extraits des Regiftres portatifs, ou procés verbaux des Commis, lefquels états feront par eux certifiez & fignez.

I I.

Pourra auffi decerner fes contraintes contre les vendans vin qui auront fait refus de fouffrir les exercices, fur le pied du plus haut quartier par eux payé de l'année precedente en laquelle ils les au-

ront fouffert, pourveu que trois fommations de les
fouffrir leur ayent efté faites à jours differens , &
que les procés verbaux de refus foient en bonne
forme , & s'ils n'ont fouffert aucuns exercices, feront les refufans contraints aprés les trois fommations & les procés verbaux de refus , fur les Regiftres des Entrées s'il y en a , ou fur les Inventaires
pour tout le vin qui s'y trouvera fous leur nom ,
ou au défaut des Regiftres des Entrées & des Inventaires , fur le pied du plus haut quartier de celuy qui fait le plus grand debit en la Paroiffe de
leur demeure.

I I I.

Les contraintes pour le détail pourront eftre
executées contre les Hofteliers , Taverniers , &
Cabaretiers par emprifonnement de leurs perfonnes trois jours aprés le commandement qui leur
aura efté fait, & au furplus voulons que les Articles des contraintes pour le Gros foient executées
pour le détail.

I V.

N'entendons la folidité avoir lieu en fait d'Aydes
contre les Habitans & les Paroiffes , finon en cas
de rebellion par la Communauté, laquelle fera ju-
gée par les Officiers de nos Elections en la maniere accoûtumée.

V.

Aprés le jugement de la rebellion & nonobftant
l'appel qui en pourroit eftre interjetté, fera renduë
fur la Requefte du Fermier de nos droits & fans

autre

autre inſtruction, la Sentence de ſolidité contre ſix
des principaux Habitans qui y ſeront dénommez
par noms & ſurnoms , & ſera la Sentence ſignée
au moins de trois Elûs.

V I.

Permettons au Fermier de nos droits en vertu
de la Sentence de ſolidité de decerner ſa contrainte contre les Habitans y dénommez, ſur le pied du
plus haut quartier de tous les vendans vin de l'année precedente, qu'il pourra mettre à execution
tant ſur leurs biens que par empriſonnement de
leurs perſonnes, aprés qu'elle aura eſté viſée par
l'un des Elûs.

V I I.

Défendons à noſtre Cour des Aydes de retar-
der le cours de l'inſtruction ny l'execution des Sentences & contraintes ſolidaires par aucun Arreſt
de défenſe, ou ſurſeance.

TITRE SEPTIEME.

Des Abonnemens.

ARTICLE PREMIER.

POurront les Fermiers de nos droits & ſous-
Fermiers compoſer avec les particuliers, ainſi
que bon leur ſemblera, à raiſon d'une certaine ſomme pour chacun muid de vin vendu en détail , ou
generalement pour tout ce qu'ils pourront vendre

par chacune année, & feront les compofitions obli-
gatoires & irrevocables, tant à l'égard des particuliers que des Fermiers, pourveu qu'elles foient par
écrit, défendons d'en recevoir la preuve par té-
moins.				I I.

Seront tenus neanmoins les vendans vin qui auront ainfi compofé au muid ou à l'année de fouffrir
les vifites, Inventaires, & marques des Commis.

I I I.

Les compofitions faites avec les particuliers tant
par le Fermier general de nos droits, que par les
fous-Fermiers demeureront revoquées de plein
droit par la refolution du Bail general, encore que
les fous-Fermiers foient continuez dans leurs fouf-
Baux par le nouveau Fermier general.

I V.

Si le fous-Fermier durant le cours du Bail general eft dépoffedé, il fera loifible au nouveau fous-
Fermier de revoquer ou de continuër les compofitions, ce qu'il fera tenu de declarer par écrit dans
le mois, aprés qu'il fera entré dans l'exercice de fa
fous-Ferme, finon les compofitions feront continuées ; n'entendons neanmoins qu'elles puiffent
eftre revoquées par le nouveau fous-Fermier, qui
fera entré dans la fous-Ferme par la ceffion que le
precedent fous-Fermier en auroit faite à fon profit.

V.

Les vendans vin évincez fans fraude de la joüif-
fance & occupation de la maifon où ils faifoient
leur debit feront déchargez à l'avenir des compo-

fitions , en payant feulement le quartier, durant lequel ils auront efté contraints de vuider les lieux encore qu'il ne fût que commencé ; & fera le quartier payé par ceux qui ont composé au muid fur le pied du quartier précedent ; ce que n'entendons avoir lieu, lorfque par des accidens de feu , d'hoftilité , de pefte , ou d'autres pareils , ils auront efté forcez d'abandonner leurs maifons , auquel cas le prix porté par la compofition ne fera payé que jufqu'au jour que les lieux auront efté abandonnez ; voulons neanmoins que la compofition reprenne fa force du jour de leur retour , pourveu qu'il foit dans les fix mois de la fortie.

V I.

En cas du deceds du mary ou de la femme les compofitions demeureront éteintes à l'égard du furvivant du jour de la fignification qu'il en aura faite au Fermier ; pourra le furvivant continuër les compofitions , fi bon luy femble ; & elles feront censées continuées , fi dans le mois du jour du deceds la fignification n'en eft faite au Fermier.

V I I.

Seront les compofitions executées pour l'année entiere à l'égard de ceux qui ont composé à une certaine fomme pour chacune année, lorfqu'ils ont cefsé volontairement leur commerce durant le cours de l'année , encore que la ceffation en ait efté fignifiée au Fermier ; ce qui aura lieu lors mefme que le payement de la fomme eft divisé par quartier : voulons neanmoins qu'ils en demeurent déchargez pour les années fuivantes , pourveu que la fignification en ait efté faite trois mois avant l'expiration de l'année , dans laquelle ils ont cefsé leur commerce.

VIII.

Ceux qui ont composé à raifon d'une certaine fomme pour chacun muid feront déchargez de la compofition par la ceffation de leur commerce, en la faifant fignifier au Fermier trois mois auparavant.

TITRE HUITIE'ME.

Des droits de Banvin.

ARTICLE PREMIER.

Aintenons nos Sujets qui ont droit de Banvin dans le privilege de vendre leur vin, durant le temps porté par les Coûtumes ou par leurs Titres, à l'exclufion de tous autres demeurans dans l'étenduë de la Paroiffe où eft la maifon Seigneuriale de la Terre pour laquelle le droit leur appartient.

II.

Ne fera le Titre valable s'il n'eft avant le premier Avril mil cinq cens foixante ; Défendons d'avoir aucun égard aux aveus & dénombremens anciens , s'ils n'ont efté receus avec nos Officiers, aufquels la connoiffance en appartient.

III.

III.

Les Commis se transporteront apres les vendanges de chacune année dans les maisons Seigneuriales de ceux qui ont droit de Banvin, mesme dans les lieux où le Gros n'a point cours, pour inventorier & marquer le vin qu'ils pretendent estre du crû de la Paroisse où est la Maison Seigneuriale de la Terre, à cause de laquelle le droit leur appartient; & seront tenus de declarer la quantité du vin qu'ils y auront recüeilly, & la situation de leurs vignes, par tenans & aboutissans, & de souffrir les Inventaires & marques des Commis, le tout à peine de décheance de leur droit pour l'année en laquelle ils auront fait le refus.

IV.

Seront tenus sur la mesme peine ceux qui ont droit de Banvin de faire publier au Prône de la Paroisse le jour qu'ils feront l'ouverture de leur ban, & d'en signifier l'Acte de publication au Fermier de nos droits huit jours auparavant; & pourra le Fermier du jour de la signification qui luy en aura esté faite envoyer des Commis dans leurs maisons, caves & celliers pour y faire leurs visites durant le temps du Banvin.

V.

Seront aussi tenus de representer aux Commis tout le vin du crû, pour estre recolé sur les premiers Inventaires, s'ils ont esté faits, sinon pour estre inventorié, marqué & roüanné : & en cas de fausse declaration, & qu'ils vendent d'autre vin que celuy qui aura esté marqué ; Voulons que le vin soit confisqué au profit du Fermier, & qu'ils soient condamnez en trois cens livres d'amende.

VI.

Ne pourront pendant le temps du Banvin vendre autre vin que du crû de la Paroisse où est la Maison Seigneuriale de la Terre, à cause de laquelle le droit leur appartient ; declarons le vin provenant des dixmes infeodées qui se recüeillent des vignes situées dans la mesme Paroisse, & des Pressoirs bannaux qui y sont construits, estre vin du crû : & sera receu le Fermier à prouver par témoins ou autrement, que le vin n'est point du crû.

VII.

Ne pourront aussi vendre le vin ailleurs qu'en la Maison Seigneuriale, encore qu'elle fust separée du Bourg ou du Village, ny autrement qu'à pot & sans assiette, & par les mains de leurs serviteurs domestiques ; leur permettons neanmoins d'en faire le debit dans la maison destinée pour la ferme, lorsqu'il n'y a point de Fermier, & qu'ils l'exploitent entierement par leurs mains.

VIII.

Seront tenus les coheritiers ou autres à qui le droit appartient conjointement, de s'accorder du temps, en sorte qu'il soit continu & sans interruption, suivant les Coustumes & les Titres.

IX.

Le vin du ban estant vendu, pourront ceux qui

y font fujets , vendre le leur, encore que le temps
du Banvin ne foit expiré.

X.

Ne pourra le droit de Banvin eftre cedé , ny baillé
à Ferme Conventionnelle ou Judiciaire en quelque
maniere que ce foit, generalement avec les revenus
de la Terre , particulierement ny autrement, ny
eftre exercé dans la maifon, cave , celliers & lieux
delaiffez au Fermier pour fon logement, ou par les
domeftiques du Fermier.

X I.

Le vin provenant des preffoirs bannaux qui auront efté affermez , des vignes, & des dixmes infeodées que le Proprietaire n'exploite pas par fes mains,
ne fera reputé vin du crû en ce qui concerne le
Banvin , encore que le Proprietaire l'eût pris en
payement des loyers qui luy font deubs par fon
Fermier ; N'entendons neanmoins comprendre au
prefent Article les Baux à moitié , dans lefquels la
part revenant au Seigneur fera reputée vin du crû.

X I I

Pourront les Hofteliers durant le temps du Banvin , & nonobftant la publication qui en aura efté
faite, vendre du vin à leurs hoftes & paffans , encore qu'ils ne l'ayent point pris en la Maifon Seigneuriale ; & feront reputez hoftes & paffans,ceux
qui n'ont point leur domicile d'habitation dans la
Paroiffe en laquelle eft fituée la Maifon Seigneuriale.

XIII.

Seront tenus les Hofteliers, Taverniers , & Cabaretiers de ſouffrir les viſites des Commis ,meſme durant le cours du Banvin, & de payer nos droits de détail & d'augmentation , encore que le vin qu'ils debitent ſoit du crû de la Seigneurie.

X I V.

Ne feront tenus les Habitans ſujets au Banvin de ſouffrir, meſme durant le cours du Banvin, les viſites & recherches des Seigneurs ayant droit de Banvin, ny de leurs Officiers.

X V.

En cas de contravention aux Articles ſix & ſuivans du preſent Titre , Voulons que nos droits ſoient payez pour tout le vin vendu durant le Ban de l'année en laquelle ils auront contrevenu , & qu'ils ſoient privez du droit de Banvin pour l'année ſuivante , & en cas de recidive dans une autre année, voulons qu'ils en ſoient décheus durant leur vie.

X V I.

Les conteſtations pour le droit de Banvin où le Fermier de nos droits ſera partie principale ou intervenante , feront portées en premiere Inſtance en l'Election,& par appel en noſtre Cour des Aydes; Défendons à nos autres Juges d'en connoiſtre, à peine de nullité des procedures & des Jugemens.

TITRE

TITRE NEUVIE'ME.

Des Exemptions du détail.

ARTICLE PREMIER.

Aintenons les Secretaires de Nous, Maifon & Couronne de France, tant ceux qui font revêtus actuellement de leurs Offices, que les Veterans, apres un fervice de vingt années, & leur veuves durant leur viduité dans le privilege de vendre le vin de leur crû, dans leur maifon d'habitation à huis coupé & pot renversé dans les quartiers de Janvier & Juillet de chacune année, fans payer nos droits de détail & d'augmentation, & à cet effet feront tenus de fournir par chacun an au Fermier de nos droits, les declarations par tenans & aboutiffans des vignes qu'ils font façonner, & du vin qu'ils y recuëillent ; enfemble de declarer au Bureau avant que de vendre, le tout à peine de décheance.

I I.

Declarons leur Maifon d'habitation ne pouvoir eftre ailleurs qu'en noftre bonne Ville & Fauxbourgs de Paris, à la referve de ceux qui fervent aux Chancelleries, prés de nos Parlemens & Sieges Prefidiaux, qui pourront exercer leurs Privileges dans les Villes où ils font leurs fonctions, & ne pourront les Veterans & les veuves joüir des Privileges, en cas qu'ils transferent ailleurs leur domicile.

D d

I I I.

En cas de contestation entr'eux & le Fermier de nos droits, voulons qu'ils se pourvoient en premiere Instance pardevant les Elûs, & par Appel en nostre Cour des Aydes : Défendons à nostre Grand Conseil, & à tous autres Juges d'en prendre connoissance, à peine de nullité des procedures & des Jugemens.

I V.

Maintenons les Archers de l'Hostel de nostre bonne Ville de Paris dans le Privilege de vendre, jusques à la quantité de quatre mille muids de vin, sans payer aucun droit de détail & d'augmentation, à la charge qu'ils demeureront dans Paris, qu'ils serviront actuellement & qu'ils y exerceront leurs Privileges dans leur maison d'habitation, en personne, ou par leurs domestiques ; leur défendons de le ceder mesme les uns aux autres, le tout à peine de décheance.

V.

Le département des quatre mil muids entre eux sera fait & arresté par les Prevost des Marchands & Eschevins de nostre bonne Ville de Paris, sans qu'il puisse estre changé à l'avenir, & sera signifié au Fermier de nos droits par chacune année, avant le premier Janvier sur pareille peine.

V I.

Maintenons les Suisses de nostre Garde jusques au nombre de treize, y compris le Clerc du Guet suivant l'Etat registré en nostre Cour des Aydes de Paris, dans le Privilege de pouvoir vendre cha-

cun fans payer nos droits de détail & d'augmentation , la quantité de cent cinquante muids de vin
dans leur maifon d'habitation ; fçavoir dix dans
les ruës de Mont-martre & Montorgueil, deux au
Fauxbourg S. Honoré , & un au Fauxbourg S. Antoine ; leur défendons de vendre ny d'encaver
leur vin ailleurs , ny de ceder leur Privilege mefme
les uns aux autres , le tout à peine de décheance.

V I I.

Maintenons auffi les Suiffes de noftre tres-cher
Frere unique le Duc d'Orleans, jufques au nombre
de fix , deux de noftre tres-cher Neveu le Duc
de Valois , un de noftre Coufine d'Orleans Prin-
ceffe de Montpenfier, & quatre de noftre Coufin
le Prince de Condé dans le Privilege de vendre
chacun cent cinquante muids de vin , fans eftre
fujets à nos droits de détail & d'augmentation ;
leur défendons auffi de ceder leur Privilege mefme les uns aux autres, à peine de décheance.

V I I I.

Joüiront les douze & vingt-cinq Marchands de
vin Privilegiez fuivant noftre Cour de leur Privilege , jufques à concurrence de dix mil muids de
vin qu'ils pourront debiter en noftre bonne Ville
& Fauxbourgs de Paris , mefme durant noftre abfence & celle de noftre Confeil ; en forte qu'un
tiers foit vendu en gros , & un autre tiers vendu à
pot par les douze & le tiers reftant à affiette, & ca-
baret par les vingt-cinq ; Et pour les autres lieux
dans lefquels nous pafferons & ferons noftre fe-

jour , Voulons que les douze & vingt-cinq joüiſſent pleinement de l'exemption des droits de Gros,
de détail & d'augmentation.

I X.

Voulons que ce qui excede le Privilege , tant
des Archers de l'Hoſtel de noſtre bonne Ville de
Paris , que des Suiſſes & Marchands privilegiez ,
tant pour le vin d'achapt que du crû , ſoit ſujet à
nos droits comme ce qui eſt vendu par les autres
Marchands.

X.

Seront tenus les Secretaires de Nous , Maiſon &
Couronne de France , les Archers de l'Hoſtel de
noſtre bonne Ville de Paris , les Suiſſes & Marchands privilegiez de ſouffrir durant le temps de
leur debit les viſites, marques, & Inventaires des
Commis à peine de décheance.

X I.

Seront ſujets à nos droits de détail & d'augmentation , les Eccleſiaſtiques , Nobles , Officiers de
nos Cours , Commenſaux & generalement tous
autres vendans vin , de quelque qualité & condition qu'ils ſoient pour le vin qu'ils vendront à pot
ou à aſſiette , encore qu'il ſoit de leur crû , meſme
de celuy des Benefices.

D E S

DES DROITS DE DETAIL
dans le Reſſort de la Cour des Aydes
de Paris, où le Quatriéme a cours.

ARTICLE PREMIER.

NOs droits de Détail ſeront levez à raiſon du Quatriéme du prix de la vente avec le pariſis, ſol & ſix deniers dans la Generalité d'Amiens, dans la Ville & Election de Bar-ſur-Seine, dans la Ville & Election particuliere de Pontoiſe, & dans le bas Fauxbourg de Laumône, ſoit que le vin ſoit vendu à pot ou à aſſiette.

II.

Sera déduit un cinquiéme ſur nos droits de quatriéme & d'augmentation pour les boiſſons, coulages, remplages, déchets & lies, & pour toutes autres diminutions que les vendans vin pourroient pretendre.

III.

Nos droits ſeront payez à raiſon de trente-ſix ſeptiers pour muid qui font deux cent quatre-vingts huit pintes meſure de Paris, & pour l'excedant & les autres vaiſſeaux à proportion, ſans autre déduction que celle portée en l'Article precedent.

E e

I V.

Pourront les vendans vin le vendre à si haut prix que bon leur semblera , nonobstant tous Reglemens de Police ; & en cas de contestation, voulons que la connoissance en appartienne en premiere Instance à nos Officiers des Elections, & par appel à nostre Cour des Aydes de Paris.

V.

Ne seront tenus les vendans vin en détail de faire mention dans leur declaration , s'ils vendent à pot ou à assiette.

V I.

Enjoignons à tous vendans vin en détail & à leurs préposez , de declarer aux Commis, toutes les fois qu'ils en seront requis , le prix du vin par eux vendu , & de celuy qui se trouvera en perce, & de signer leur declaration sur les Registres des Commis, s'ils sçavent signer , ou d'y apposer leur marque pour tenir lieu de signature , ou de declarer qu'ils ne sçavent signer, & n'usent de marque, sinon & en cas de refus , aprés l'interpellation qui en aura esté faite par les Commis, desquelles interpellations & refus, ils feront mention sur les Registres , nos droits seront payez à raison du prix qui y sera écrit par les Commis.

V I I.

Permettons neanmoins aux vendans vin de faire preuve par témoins que le prix du vin estoit moindre que celuy porté par le Registre, lors qu'ils n'y auront point signé, la provision nous demeurant.

V I I I.

Permettons auſſi au Fermier de nos droits 'de faire preuve par témoins , du nombre deſquels pourront eſtre les acheteurs , de la fauſſeté de la declaration du prix qui aura eſté faite & ſignée par les vendans vin ou leurs prépoſez ſur les Regiſtres des Commis.

I X.

Le vin dont le prix aura eſté fauſſement declaré, ſera confiſqué ou ſa juſte valeur , & les vendans vin condamnez en dix livres d'amende ; & ſeront les vendans vin reſponſables civilement de ce qui aura eſté fait & declaré par les prépoſez au debit de leur vin.

X.

Défendons aux vendans vin en détail d'avoir en perce plus de deux pieces à la fois, à peine de confiſcation des autres qui ſeront trouvées en perce, leur défendons auſſi d'avoir du poiré dans leurs maiſons, caves & celliers dans le temps qu'ils font commerce du vin , à peine de confiſcation tant du vin que du poiré.

X I.

Voulons au ſurplus que noſtre Ordonnance faite pour les lieux où le Huitiéme reglé a cours ſoit executée, en ce qu'il n'y eſt dérogé par les Articles predens.

X I I.

N'entendons rien innover à l'égard de la Ville d'Amiens, ny du haut Fauxbourg de Laumône de la

Ville de Pontoife, où le Huitiéme reglé fe leve, ny à l'égard des Villes d'Abbeville, Montrueil, Doulens, S. Quentin & Peronne, dans lefquelles feront levez feulement nos droits de parifis, fol & fix deniers, que nous avons fixez à vingt-fept fols trois deniers pour muid mefure de Paris vendu à pot, & à trente-trois fols trois deniers pour muid vendu à afliette, & les declarations y feront faites par les vendans vin en détail, & la Ferme de nos droits regie comme dans les autres Generalitez où le Huitiéme reglé a cours.

DV DROIT DE SVBVENTION.

TITRE PREMIER.

Du droit de Subvention dans le reffort de la Cour des Aydes à Paris où le Huitiéme reglé a cours.

ARTICLE PREMIER.

LE droit de Subvention fera payé dans le reffort de noftre Cour des Aydes de Paris où le Huitiéme reglé a cours, à raifon de vingt-fept fols pour chacun muid de vin, treize fols fix deniers pour muid de gros & petit cidre, & fix fols neuf deniers pour muid de poiré & autres vaiffeaux à proportion mefure de Paris qui feront vendus en détail, à affiette, & fans affiette.

I I.

Sera levé le droit de Subvention fur le détail dans tous les lieux, Villes, Bourgs & Villages, Hameaux, Efcarts, mefme dans les Villes d'Amiens, Doulens & Perronne, Ville & Election de Roüanne, nonobftant tous engagemens, abonnemens, octroys, privileges, exemptions & affranchiffemens, foit que nos autres droits d'Aydes s'y levent ou non, à la referve de noftre bonne Ville de Paris ; Voulons neanmoins que le droit foit perceu dans le Fauxbourg de Chaliot, dit de la Conferen-

Ff

ce, suivant la fixation que nous en avons faite par l'Article premier du present Titre.

III.

Ne sera sujet au droit de Subvention le vin qui sera vendu en détail dans les Villes & Elections de Lyon, saint Estienne, Montbrison, Ville-franche, Mascon, Bar-sur-Seine, Auxerre, Tonnerre, Vezelay & Joigny ; Voulons aussi que les Bourgeois de la Ville & Fauxbourgs de Bourges payent seulement vingt-deux sols, & les Bourgeois de la Ville & Fauxbourgs de Langres dix-huit sols pour chacun muid de vin de leur crû par eux vendu à pot, à quoy nous avons reduit, tant nostre droit de Subvention, que le parisis douze & six deniers de nos autres droits.

IV.

Seront sujets au droit de Subvention sur le détail les Ecclesiastiques, Nobles, Officiers de nos Cours, nos Commensaux & tous autres, encore que le vin soit du crû des Benefices, & quant aux Secretaires de Nous, Maison & Couronne de France, ils en seront exempts aux mesmes conditions qu'ils sont exempts de nos autres droits de détail.

V.

Pour le payement du droit de Subvention sur le vin, cidre & poiré, qui seront vendus en détail, les exercices seront faits, & les contraintes decernées & executées comme pour nos autres droits de détail.

TITRE DEUXIEME.

Du droit de Subvention dans le ressort de la Cour des Aydes de Paris, où le Quatriéme a cours.

ARTICLE PREMIER.

LE droit de Subvention sera levé aux Entrées dans le ressort de nostre Cour des Aydes de Paris où le Quatriéme a cours, mesme dans les Villes d'Abbeville, saint Quentin, Montreüil, Rethel, Mezieres & Donchery où le quatriéme a esté reduit au parisis du Huitiéme, & dans la ville de Chaalons, sur le pied de vingt-sept sols pour chacun muid de vin, & pour les vendanges à raison de deux muids pour trois, treize sols six deniers pour muid de gros & petit cidre, & six sols neuf deniers pour muid de poiré; Et pour les fruits servans à faire cidre & poiré, entrans depuis le premier jour de Septembre jusqu'au premier Mars, à raison d'un muid de boisson pour trois muids de fruits, & sur les autres vaisseaux à proportion mesure de Paris; Défendons de le lever sur la vente en détail, à peine de concussion.

II.

Sera payé le droit de Subvention à l'entrée du lieu de la destination dans les Villes, Fauxbourgs, Bourgs, & generalement dans toutes les Paroisses qui se trouveront composées au moins de cent feux, y compris les Hameaux & Escarts en dépendans, encore qu'il n'y soit levé aucun autre droit d'Entrée.

III.

Le droit fera payé autant de fois que les boiſ-
fons feront tronſportées d'une Paroiſſe fujette au
droit en une autre de meſme qualité, pour y eſtre
venduës ou conſommées, encore que les Paroiſſes
foient d'une meſme Election, ou que les boiſſons
y foient conduites durant le temps des Foires franches: Voulons neanmoins que le droit foit rendu
en cas qu'elles ne foient point venduës dans les
Foires, en rapportant par le Proprietaire, Bourgeois
ou Marchand un certificat du Fermier du lieu d'où
elles font forties, qu'elles y ont eſté ramenées, &
feront les boiſſons reputées venduës, fi aprés les
Foires finies, elles y ſejournent plus de trois jours
quand elles retourneront par terre, & plus de huit
jours quand elles retournent par eau.

I V.

Les lieux de paſſage où le vin & les autres boiſ-
fons ſejourneront plus de huit jours venant par eau,
& plus de trois jours venant par terre, feront reputez ceux de leur veritable deſtination; & fera le
droit payé comme fi elles y avoient eſté amenées
pour y eſtre venduës ou conſommées.

V.

Seront tenus les Proprietaires, Marchands &
Voituriers tant par eau que par terre, en paſſant
debout dans les lieux où le Quatriéme a cours, de
faire leur ſoûmiſſion au premier Bureau ſur leur
route de rapporter dans le mois en venant par eau,
& dans quinzaine en venant par terre, un certificat
du

du Fermier du lieu de la deſtination où les boiſſons auront eſté déchargées & acquittées, ſinon le
temps paſſé feront les boiſſons ou leur juſte valeur confiſquées & acquiſes au Fermier du lieu où
la foûmiſſion aura eſté faite.

V I.

Les Commis feront tenus de leur délivrer ſans
frais un billet de la foûmiſſion qu'ils auront faite,
qui fera par eux repreſenté aux autres Bureaux de
leur route, pour y eſtre viſé par les autres Commis
qui y ſont prépoſez, à peine de cent livres d'amende
pour chacune contravention ; & fera la foûmiſſion
déchargée auſſi ſans frais quand le certificat du Fermier du lieu de la deſtination fera rapporté.

V I I.

Les Proprietaires du vin & des autres boiſſons
qui feront amenées en refuge, feront tenus de declarer au Bureau tant le jour de l'entrée, que celuy
de la ſortie, enſemble le lieu de leur demeure, faire décharger leurs declarations en ſortant des lieux
de refuge, & repreſenter aux Commis à leur retour les meſmes boiſſons, à peine de confiſcation,
& de cent livres d'amende.

V I I I.

Les boiſſons qui ſejourneront plus de ſix mois dans
un lieu de refuge feront ſujettes au droit de ſubven-
tion.   I X.

Le vin & les autres boiſſons recuëillies dans une
Paroiſſe ſujette au droit par le Proprietaire meſme dans les cours, clos & jardins faiſant partie de

G g

fa maifon d'habitation, feront fujettes au droit de fubvention, encore qu'elles foient deftinées pour fa provifion, & fera le droit payé avant la confommation fuivant les Inventaires qui en feront faits par les Commis dans les preffoirs, & dans les celliers: Défendons à tous nos Sujets de faire leur vin & les autres boiffons ailleurs que dans le lieu du crû ou de leur demeure, à peine de confifcation, & de cent livres d'amende.

X.

Défendons de tenir magazin, entrepoft, & eftape de vin, cidre & poiré dans les Bourgs, Villages & Chafteaux, eftant dans les trois lieuës limitrophes, à compter des extremitez des lieux où la fubvention fe leve à l'entrée, à peine de confifcation & de cent livres d'amende.

X I.

Maintenons les Ecclefiaftiques pour les boiffons du crû de leurs Benefices, les Nobles, Officiers de nos Cours, Secretaires de Nous, Maifon & Couronne de France pour celles de leur crû, dans l'exemption du droit de fubvention à l'entrée pour ce qu'ils en confommeront dans leur maifon pour leur provifion feulement.

X I I.

Seront au furplus les Reglemens pour nos autres droits d'entrée en ce qui concerne les Lettres de voiture, les declarations, & le payement de nos droits executez pour le droit de fubvention en la mefme maniere & fous les mefmes peines.

DU DROIT
DE SUBVENTION
PAR DOUBLEMENT.

ARTICLE PREMIER.

NOs droits de Subvention par doublement que nous avons fixez à la fomme de cinquante-quatre fols pour chacun muid de vin, vingt-fept fols pour muid de gros & petit cidre, treize fols fix deniers pour muid de poiré, vingt-fept fols pour muid de double, fimple ou petite biere, mefure de Paris, feront levez fur ce qui en fortira de noftre Royaume, ou qui y entrera.

II.

Seront levez pareils droits fur ce qui en fortira des Provinces où nos Aydes ont cours pour entrer en celles qui n'y font point fujettes, comme auffi fur ce qui fera tranfporté des Provinces où nos Aydes n'ont point cours, en celles qui font fujettes à nos droits de Subvention fur le détail.

III.

Le vin pour lequel nos droits de Subvention par doublement auront efté payez deux fois, n'y fera plus fujet en quelque endroit qu'il foit tranfporté.

IV.

Seront les precedens Articles executez à l'égard

des vendanges sur le pied de deux muids de vin pour trois muids de vendanges ; & à l'égard des fruits servant à faire cidre & poiré, sur le pied d'un muid de boisson pour trois muids de fruits.

V.

Nos droits de Subvention seront payez à raison de cinq livres dix sols pour chacun muid d'eau de vie, mesure de Paris, qui entrera dans les païs où nos Aydes ont cours ou qui en sortira.

V I.

Declarons nos droits de Subvention & d'augmentation compris dans la fixation que nous avons faite de nos droits de sortie sur les vins qui sont transportez hors du Royaume par nos Provinces de Champagne, Picardie & Soissonnois.

V I I.

Ne seront nos droits de Subvention payez qu'à raison de vingt-sept sols pour chacun muid de vin d'Anjou, des Duchez du Mayne, de Beaumont & de Thoüars, & de la Chastelenie de Chamtoceaux, & cent sols pour chacun muid d'eau de vie, le tout mesure de Paris, descendant tant par la riviere de Loire que par terre pour aller en nostre Province de Bretagne.

V I I I.

Ne sera levé aucun droit de Subvention pour le vin & pour l'eau de vie qui passeront dans l'étenduë de nostre Ferme de Charente, Marens & Poitou pour sortir de nostre Royaume.

D U

DU DROIT DU PONT
DE IOIGNY.

ARTICLE PREMIER.

NOs droits feront levez fur le vin qui paffera deffus & deffous le Pont de Joigny, à raifon de cinquante-trois fols neuf deniers fur chacun muid mefure de Paris, à quoy nous les avons fixez.

II.

Seront levez pareils droits fur chacun muid de vin qui fera chargé au Port du Follet, encore qu'il ne paffe point deffus ny deffous le Pont de Joigny.

III.

Seront auffi levez pareils droits fur chacun muid de vin qui fera enlevé des Elections de Joigny, Tonnerre, Vezelay, Auxerre, Mafcon & Bar-fur-Seine pour eftre conduit par eau en noftre bonne Ville de Paris, ou qui fera deftiné pour les Villes de Joigny, Ville-neuve-le-Roy, Sens, Pont-fur-Yonne, Montreau, Moret, Melun, & Corbeil, encore qu'il ne paffe point deffus ny deffous le Pont de Joigny, foit qu'il foit voituré par eau ou par terre.

IV.

Seront les precedens Articles executez à l'égard

H h

des vendanges, sur le pied de deux muids de vin pour trois muids de vendanges.

V.

Nos droits seront payez par les Ecclesiastiques, Nobles, Officiers de nos Cours, les Secretaires de Nous, Maison & Couronne de France, nos Commensaux, & generalement tous nos autres Sujets de quelque qualité & condition qu'ils soient, soit que le vin soit du crû ou d'achapt.

V I.

Le vin sera declaré aux Bureaux, les Lettres de voiture representées pour estre visées & paraphées des Commis en la mesme maniere, & sous les mesmes peines que pour nos droits d'Entrées.

V I I.

Seront aussi nos droits payez comme nos droits d'entrée, sinon qu'aucune déduction ne sera faite d'un muid sur chaque fois vingt-un muids, encore que le vin fust voituré par eau.

DES DROITS
SUR L'EAU DE VIE.

ARTICLE PREMIER.

SEront levez fur l'eau de vie entrant dans noftre bonne Ville & Fauxbourgs de Paris, nos droits d'entrée que nous avons fixez pour chacun muid mefure de Paris à quarante-cinq livres , & pour les autres vaiffeaux à proportion, tant par eau que par terre , dans laquelle fomme declarons eftre comprife celle de quinze livres dont nous avons ordonné la levée, au lieu du Gros & du Huitiéme.

II.

Declarons l'eau de vie venant par eau , qui fera déchargée dans les trois lieuës des environs de Paris, eftre deftinée pour Paris , & fujette à nos droits; Défendons de la tirer des bateaux & mettre à terre, qu'elle n'ait efté declarée & nos droits payez, à peine de confifcation & de cinq cens livres d'amende, & quant à l'eau de vie qui y paffe debout, tant par eau que par terre , la declarons pareillement fujette à nos droits , à la déduction de la fomme de quinze livres pour chacun muid.

III.

Permettons neanmoins aux Marchands & Negocians qui voudront tranfporter de l'eau de vie par mer hors noftre Royaume, de la faire paffer debout dans Paris fans payer nos droits d'entrée, en jufti-

fiant de lettres de voiture en bonne forme , & à condition de fournir caution au Bureau General des Entrées, de rapporter Certificat des Juges & Officiers
des lieux , que l'eau de vie aura esté embarquée, &
l'acquit du payement des droits de sortie dans le
temps qui sera convenu, sinon de payer nos droits.

I V.

Nos droits qui consistent au vingtiéme du prix
seront payez pour l'eau de vie venduë en gros, tant
dans les lieux où nos droits de Gros & d'augmentation sur le vin ont cours conjointement , que
dans ceux où nous ne levons que l'augmentation ,
à la reserve de nostre bonne Ville & Fauxbourgs
de Paris , où il ne sera payé aucun autre droit de
Gros que celuy que nous avons ordonné estre payé
à l'Entrée.

V.

Voulons que pour chacun muid d'eau de vie
mesure de Paris , venduë en détail , à pot ou à assiette,
& pour les autres vaisseaux à proportion , il soit payé
dans tous les lieux où nostre Droit reglé sur le vin
a cours , quinze livres ; à quoy nous avons fixé nos
droits de détail & de subvention sur l'eau de vie , à la
reserve de nostre bonne Ville & Fauxbourgs de Paris,
où il ne sera payé aucun autre droit de détail que
celuy que nous avons ordonné estre levé à l'entrée.

V I.

Défendons de rien exiger de ceux qui ayant acheté l'eau de vie à pot ou à pinte, la revendent à portecol
ou aux coins des ruës à petites mesures , quatre ou six
deniers, ou un sol au plus, à peine de concussion.

V I I.

VII.

Enjoignons à tous vendans eau de vie , à la referve de ceux compris en l'Article precedent , d'a-
voir des vaiffeaux qui puiffent fouffrir la roüanne,
& recevoir la marque des Commis , à peine de
confifcation de celle qui fera trouvée en d'autres
vaiffeaux , & de cent livres d'amende.

VIII.

Dans les lieux où le Quatriéme fur le vin a cours,
le Quatriéme fera levé fur l'eau de vie venduë en
détail , & quant aux droits de Subvention nous les
avons fixez à cinq livres huit fols pour muid mefure de Paris , & pour les autres vaiffeaux à proportion,
pour eftre payez à l'entrée des lieux fujets à nos
droits de Subvention fur le vin.

IX.

Nos droits de cent fols & d'augmentation que
nous avons fixé à fix livres quinze fols pour chacun muid mefure de Paris , & pour les autres vaiffeaux à proportion , feront levez fur l'eau de vie defcendant & montant par la Seine , & par les autres
Rivieres y affluantes , même fur celle qui eft tranf-
portée par charroy , à la referve de l'eau de vie deftinée pour la Ville & Fauxbourgs de Paris.

X.

Voulons au furplus que les Reglemens que nous
avons faits pour le vin pour nos droits d'Entrée,
de Gros, de détail reglé , de Quatriéme, de Subvention & de quarante-cinq fols des Rivieres foient
executez pour l'eau de vie.

DES DROITS
SUR LA BIERE.

ARTICLE PREMIER.

NOs droits de contrôlle seront levez dans les Brasseries sur la Biere, en tous les lieux où elle est façonnée, sçavoir dans nôtre bonne Ville & Fauxbourgs de Paris, sur le pied de trente-sept sols sept deniers pour chacun muid mesure de Paris, & pour les autres vaisseaux à proportion, & dans les autres Villes, Bourgs & Paroisses sur le pied de trente sols pour muid.

I I.

Ne pourront les Brasseurs se servir de cuves, chaudieres & bacs, que l'épallement n'en ait esté fait avec le Fermier de nos droits ou ses Commis, qui apposeront leurs marques aux cuves & aux bacs en tous les endroits qu'ils jugeront necessaires, & en dresseront leurs procés verbal, à peine de confiscation des vaisseaux non jaugez ny marquez, & de la Biere qui s'y trouvera, & de cent livres d'amende.

I I I.

Seront tenus à chacun Brassin d'advertir par écrit les Commis du jour & de l'heure qu'ils metront le feu sous les chaudieres, leur enjoignons d'entonner la Biere de jour, sçavoir depuis le premier Avril jusqu'au premier Octobre, depuis cinq heures du matin jufqu'à huit heures du foir , & depuis le premier Octobre jufqu'au premier Avril, depuis fept heures du matin jufques à cinq heures du foir, en prefence des Commis ou eux duëment appellez, le tout fur pareilles peines.

I V.

Les Commis marqueront les tonneaux à mefure qu'ils feront remplis , du nombre & de la continence defquels ils tiendront regiftre , défendons aux Braffeurs d'en fouffrir l'enlevement avant qu'ils ayent efté démarquez par les Commis, à peine de confifcation, & de cinq cens livres d'amende.

V.

Il fera au choix du Fermier de nos Droits de s'en faire payer fur le nombre & la continence des vaiffeaux , dans lefquels la Biere aura efté entonnée fans aucune déduction, ou fur le pied de l'épallement des chaudieres à la diminution du quart, tant pour celles où il y aura des gantes, que pour celles où il n'y en aura point , & ne pourront eftre les gantes que de quatre pouces de hauteur.

V I.

Sera auffi levé le droit de Gros qui eft le Vingtiéme du prix, fur la Biere venduë en gros de quelque qualité qu'elle foit , blanche , petite , ou double, dans tous les lieux fujets au droit de Gros fur le vin, avec le droit d'Augmentation que nous avons fixé, à huit fols pour chacun muid mefure de Paris, & pour les autres vaiffeaux à proportion.

V I I.

Dans les lieux où le feul droit d'Augmentation

fur le vin a cours, fera levé feulement fur la Biere, le droit de huit fols pour chacun muid , défendons d'y exiger le droit de Gros, à peine de concuffion.

V I I I.

Voulons que pour chacun muid de Biere mefure de Paris, venduë en détail à pot ou à affiette, & pour les autres vaiffeaux à proportion , il foit payé dans tous les lieux où noftre droit reglé fur le vin a cours, trois livres dix fols à quoy nous avons fixé nos droits de détail de fubvention , & d'augmentation fur la biere.

I X.

Maintenons noftre bonne Ville de Paris & fes Fauxbourgs dans l'exemption tant des droits de Gros & d'augmentation pour la Biere qui y eft venduë en gros, que du droit reglé, & de la Subvention, & d'augmentation pour celle qui eft venduë en détail.

X.

Nos droits de Quatriéme parifis, fol & fix deniers feront levez fur la Biere venduë en détail, dans tous les lieux où le quatriéme fur le vin a cours, & quant aux droits de fubvention que nous avons fixez à treize fols fix deniers pour muid mefure de Paris, & pour les autres vaiffeaux à proportion, ils y feront payez à l'entrée pour la Biere qui vient de dehors, & dans les Brafferies pour celle qui y eft façonnée, dans tous les lieux fujets à nos droits de Subvention pour le vin.

X I.

Voulons au furplus que nos Reglemens pour nos droits de Gros de détail reglé, Quatriéme & Subvention fur le vin, foient executez pour la Biere.

DES

DES DROITS

SUR LE CIDRE ET POIRE'.

ARTICLE PREMIER.

SEront levez sur le gros & petit Cidre, & sur le Poiré entrans dans noftre bonne Ville & Faux-bourgs de Paris tant par eau que par terre , nos droits d'Entrée que nous avons fixez, y compris le fol du domaine , le fol de l'ancien barrage, & les cinq fols du nouveau barrage à trente-cinq fols pour chacun muid de Cidre , & à dix-fept fols fix deniers pour chacun muid de Poiré mefure de Paris, & pour les autres vaiffeaux à proportion.

II.

Declarons fujets à nos droits les fruits fervans à faire Cidre & Poiré, entrans depuis le premier jour de Septembre jufqu'au premier jour de Mars , à raifon d'un muid de boiffon pour trois muids de fruits , & pour les autres vaiffeaux à proportion.

III.

Sera auffi levé le droit de Gros qui eft le vingtié-me du prix , fur le Cidre & Poiré vendu en gros , dans tous les lieux fujets au droit de Gros fur le vin, avec le droit d'Augmentation que nous avons fixé à cinq fols pour muid de Cidre mefure de Paris, & deux fols fix deniers pour muid de Poiré, & pour les autres vaiffeaux à proportion.

K k

IV.

Dans les lieux, où le ſeul droit d'Augmentation ſur le vin a cours, ſera levé ſeulement le droit fixé d'Augmentation ſur le Cidre & le Poiré ; Défendons d'y exiger le droit de Gros, à peine de concuſſion.

V.

Voulons que pour chacun muid de Cidre meſure de Paris, vendu en detail à pot ou à aſſiette ; & pour les autres vaiſſeaux à proportion il ſoit payé dans noſtre bonne Ville & Fauxbourgs de Paris, & dans tous les lieux où noſtre droit reglé ſur le vin a cours la moitié de ce qui ſe leve ſur le vin, & à l'égard du Poiré la moitié de ce qui ſe leve ſur le Cidre.

V I.

Nos droits de Quatriéme pariſis, ſol & ſix deniers ſeront levez ſur le Cidre & le Poiré vendus en détail, dans tous les lieux où le Quatriéme ſur le vin a cours ; & quant aux droits de Subvention que nous avons fixez à treize ſols quatre deniers pour muid de Cidre, & à ſix ſols huit deniers pour muid de Poiré; enſemble pour les fruits ſervans à faire Cidre & Poiré, entrans depuis le premier Septembre juſqu'au premier Mars, à raiſon d'un muid de boiſſon pour trois muids de fruits meſure de Paris, & pour les autres vaiſſeaux à proportion, ils y ſeront payez à l'entrée dans tous les lieux ſujets à nos droits de Subvention pour le vin.   V I I.

Voulons au ſurplus que nos Reglemens pour nos droits d'Entrée, nos droits de Gros, de détail reglé, Quatriéme, & Subvention ſur le vin, ſoient executez pour le Cidre & Poiré.

DU DROIT ANNUEL

DES VENDANS VIN.

Article Premier.

SEra payé le droit Annuel par les Marchands de vin en gros, Hofteliers, Taverniers, Cabaretiers, même par les Suiffes & Marchands Privilegiez fuivans nôtre Cour, ceux qui logent en chambres garnies, Aubergiftes, Traiteurs, Maiftres de jeu de Paume, Vivandiers, Buvetiers qui vendent du vin en détail, Gargotiers, Concierges des Chafteaux, Prifons & Foires, & autres de pareille qualité qui font trafic de vin en gros ou en détail, nonobftant les Lettres d'heredité, qu'aucuns d'eux auroient cy-devant obtenuës, à raifon de huit livres par chacun an dans les Villes, & de fix livres dix fols dans les autres lieux, à quoy nous avons reglé le droit Annuel & l'augmentation.

II.

Sera payé pareil droit par ceux qui tiennent des vignes à ferme, lors qu'ils vendront en gros ou en détail le vin qu'ils y recüeillent, fans qu'ils y puiffent eftre affujettis en cas qu'ils le confomment pour leur boiffon & celle de leurs domeftiques.

III.

Permettons neanmoins à nos autres Sujets de vendre en gros à pot ou à affiette le vin provenant des heritages qu'ils exploitent par leurs mains, dont

ils font propietaires, ufufruitiers, ou preneurs à lon-
gues années, & aux Archers de l'Hoftel de noftre
bonne Ville de Paris, de vendre à pot jufqu'à la
quantité portée par leur Privilege, fans payer le droit
Annuel ; & en cas qu'ils faffent commerce de vin au
delà de leur Privilege en gros, à pot ou à affiette, ils
feront tenus de payer le droit.

I V.

Seront les redevables du droit Annuel contraints
de l'acquitter en un feul payement aprés le quinzié-
me Février de chacune année, fans repetition encore qu'ils quittent le commerce dans le cours de l'année ; & feront tenus ceux, qui commenceront à vendre dans le cours de l'année, de payer le droit entier
dés le commencement de leur debit.

V.

Les contraintes pour le payement du droit Annuel feront decernées & executées comme pour nos
droits de détail.   V I.

Les Marchands & autres fujets au droit Annuel, qui
vendront en gros & en détail, feront tenus de payer
le droit comme vendans en gros, & pareil droit comme vendans en détail ; & de plus fera le droit payé
pour chacune des caves qu'ils tiennent ouvertes
hors leurs maifons.   V I I.

Le droit Annuel fera payé comme deffus pour la
vente des Cidres, Poirez, & autres boiffons ; & à l'é-
gard des Bieres, il fera payé en fon entier par les
Braffeurs, & la moitié du droit feulement par les
Revendeurs.

DES

DES QUARANTE CINQ-SOLS
DES RIVIERES.

ARTICLE PREMIER.

NOs droits de quarante-cinq fols, & augmentation, que nous avons fixez à trois livres pour chacun muid mefure de Paris, & pour les autres vaiffeaux à proportion, feront levez fur le vin defcendant & montant par la Seine, & par les autres Rivieres y affluantes, au deffus & au deffous de noftre bonne ville de Paris, depuis les endroits où elles font navigables jufques à Roüen.

I I.

Les Rivieres affluantes font Yonne, Beuvron, Cure, Coufin, Armanfon, Loing, Marne, Eftampes, Oize, Aifne & Eure, declarons le vin qui y fera chargé & voituré fujet à nos droits, encore qu'il n'entre pas dans la Riviere de Seine.

I I I.

Nos droits pour le vin deftiné pour la Ville & Fauxbourgs de Paris pour y eftre confommé, ou pour eftre tranfporté ailleurs, feront payez à l'entrée confufement avec nos autres droits, défendons de les recevoir ailleurs, à peine de concuffion.

I V.

Voulons neanmoins que pour le vin qui viendra

par eau de Roüen à Paris, nos droits foient payez au lieu du depart, & fera l'Acquit donné au Bureau de Roüen, pris pour argent comptant à l'entrée de Paris, & nos droits d'Entrée d'autant diminuez.

V.

Le payement de nos droits fur le Vin deftiné pour d'autres Villes, Bourgs & Paroiffes, fans paffer par la Ville & Fauxbourgs de Paris, fera fait au lieu de la deftination ou du déchargement, s'il y a un Bureau étably, finon au plus prochain Bureau de la route.

V I.

Nos droits feront levez fur le vin aigry & gafté, s'il n'eft converty en vinaigre effectif, auquel cas permettons au Fermier de nos droirs & à fes Commis de tirer des vaiffeaux quatre pintes au plus fi bon leur femble & de les remplir de pareille quantité de vinaigre.   V I I.

Ne fera fujet à nos droits le vin qui traverfera la riviere pour paffer d'un bord à l'autre, pourveu & non autrement qu'il foit tranfporté par charroy fur les bacs, fur les ponts, ou par des endroits gueables.

V I I I.

Nos droits ne feront payez qu'une feule fois, & s'ils ont efté payez une premiere fois aux Bureaux établis fur la Seine, il ne fera rien deû aux Bureaux qui font fur les Rivieres y affluantes, & reciproquement s'ils ont efté payez aux Bureaux établis fur les Rivieres affluantes, il ne fera rien deû aux Bureaux qui font fur la Seine, le tout en reprefentant par les Voituriers le premier acquit.

I X.

Enjoignons aux Voituriers de reprefenter leurs lettres de voiture au premier Bureau de leur route, & les faire vifer des Commis, à peine de confifcation, & de cent livres d'amende, s'ils font trouvez au delà du Bureau fans lettres de voiture vifées.

X.

Défendons fur les mêmes peines, de décharger le vin & de le mettre à terre que nos droits n'ayent efté payez, finon qu'il y eût peril imminent de naufrage, auquel cas les Voituriers feront tenus d'en faire faire un Procés verbal par le Juge du lieu, le Commis du plus prochain Bureau prefent ou deuëment appellé.

X I.

Pourront les Marchands qui voudront faire leurs magazins dans les Villes fituées fur la Seine ou fur les Rivieres affluantes, y faire venir leur vin par eau des Paroiffes voifines fans payer nos droits pour la quantité qu'ils declareront eftre deftinée pour entrer par eau dans noftre bonne Ville de Paris, en fe foûmettant de raporter dans trois mois un Certificat de l'enttée qui leur fera délivré fans frais, & pour le furplus qui ne fera declaré pour Paris, ou dont le Certificat ne fera rapporté dans le temps, nos droits feront payez.

X I I.

Seront nos droits payez par toute forte de perfonnes de quelque qualité qu'elles foient, même par les Ecclefiaftiques pour le vin du crû de leurs Benefices & pour leur provifion, fans exception ny privilege.

DES TROIS LIVRES

ET QUARANTE CINQ-SOLS
par charroy.

ARTICLE PREMIER.

NOs droits de trois livres & quarante-cinq sols & augmentation que nous avons fixez à sept livres pour chacun muid de vin mesure de Paris, & pour les autres vaisseaux à proportion seront levez sur le vin du crû des Villes & Paroisses comprises dans les huit lieuës des environs des Rivieres de Seine, Andelle, Eure & Itton qui sera transporté de nos Provinces de l'Isle de France & Normandie par charroy en celle de Picardie.

II.

Nos droits seront levez tant sur le vin destiné pour estre consommé en nostre Province de Picardie, que sur celuy qui y passera debout, & seront payez en entrant au premier Bureau de la route par toutes sortes de personnes sans exception ny privilege, même par les Ecclesiastiques pour celuy du crû de leurs Benefices & pour leur provision; défendons de passer le premier Bureau sans Acquit ou Congé, à peine de confiscation & de cent livres d'amende.

III.

Défendons de lever nos droits plus d'une fois à peine

peine de concuſſion encore que le vin paſſe d'une Election en une autre.

IV.

Le vin ſera reputé du crû des huit lieües & ſujet à nos droits, ſi le contraire n'eſt juſtifié par les Voituriers, par des lettres de voiture en bonne forme, receuës par des perſonnes publiques, domiciliées dans les lieux d'où le vin ſera tranſporté, ou par des declarations de pareille qualité en cas que les proprietaires du vin le conduiſent en perſonne.

V.

Les lettres de voiture ou declarations contiendront les lieux du crû, du chargement, & de la deſtination à peine de nullité, & en cas de fraude ſera le vin confiſqué, & les particuliers ſeront condamnez en cent livres d'amende.

VI.

Défendons de lever nos droits ſur le vin du crû des huit lieuës, qui ſera conſommé au lieu du crû, ou dans l'enceinte des huit lieuës, ſoit au deſſus ou au deſſous des Bureaux.

VII.

Faiſons auſſi défenſes ſur pareille peine de les lever ſur le vin du crû des vignobles qui ſont au delà des huit lieuës encore qu'ils ſoient en deçà des Bureaux; Permettons neanmoins au Fermier de nos droits & à ſes Commis de faire les Inventaires en deçà des Bureaux, & de marquer les vaiſſeaux; défendons de les tranſporter qu'ils n'ayent eſté démarquez, à peine de confiſcation & de cent livres d'amende.

M m

DES
NEUF LIVRES DIX-HUIT SOLS
pour tonneau de vin, & du sol pour pot.

ARTICLE PREMIER.

NOs droits de neuf livres dix-huit sols pour tonneau de vin & augmentation, que nous avons fixez à quatre livres quatre sols six deniers pour chacun muid mesure de Paris, & pour les autres vaisseaux à proportion, seront levez sur le vin entrant dans la Generalité d'Amiens & destiné pour les Villes, Fauxbourgs & Bourgs d'Amiens, Pequigny, Airennes, Oizemont, Gamaches, haut Fromerie, Poix, Conty, saint Vallery, Granvilliers, Hornoy, Abbeville, le Crotoy, Auxy, Ruë, Cressy, Mondidier, Breteüil, Roye, Moreüil, Peronne, Bray, Albert, Luchu, Datis, Fulvy, Lihons, Arbonniere, saint Quentin, Fauxbourg de saint Sulpice de Ham, le Castelet, Honnecourt, Beaurevoir, Doulens, Corbie, saint Riguier, Daumont, Calais, Guines, Ardres, Montreüil, Boulogne, Marquise, Hons, Huissens, Esure, Samer, Haquillier & Estaples Hameaux, & Escarts en dépendans.

II.

Nos droits seront payez au premier Bureau de recepte estant sur la route, par ceux qui sont préposez

à la conduite du vin , ſi mieux ils n'ayment donner
caution de payer au lieu de la deſtination.

I I I.

Défendons de conduire le vin par des chemins
obliques, & de le tranſporter au delà du premier
Bureau , ſans acquit ou congé , à peine de confiſcation & de cent livres d'amende.

I V.

Faiſons pareilles défenſes de lever le droit plus
d'une fois à peine de concuſſion , en quelque lieu
que le vin ſoit voituré, & encore qu'il paſſe d'une
Election en une autre.

V.

Seront tenus de payer nos droits tous nos Sujets
de quelque qualité qu'ils ſoient , même les Eccleſiaſtiques , encore que le vin ſoit du crû de leurs
Benefices & pour leur proviſion, & les Gouverneurs
de nos Places encore que le vin ſoit pour leur proviſion & celle de leurs garniſons.

V I.

Declarons le vin deſtiné pour les autres lieux de
la Generalité d'Amiens , tant au delà qu'en deçà de
la ſomme, non compris en l'Article premier du preſent titre , n'eſtre ſujet à nos droits , mais ſeront tenus les Voituriers de repreſenter au premier Bureau
de leur route leurs Lettres de voiture en bonne forme , qui contiendront la veritable deſtination du
vin , pour eſtre viſées par les Commis , & ſeront par
eux les vaiſſeaux marquez, pour eſtre reconnus &
démarquez au lieu de la deſtination ; leur permet-

tons à cet effet de s'y tranfporter, & de faire les vifites neceffaires ; Enjoignons à tous nos Sujets de
quelque qualité qu'ils foient de les fouffrir, de reprefenter les vaiffeaux marquez, & d'en conferver
les futailles durant trois mois, à compter du jour de
leur arrivée, le tout à peine de payer le double de
nos droits de ce qui ne fera point reprefenté, & de
cent livres d'amende.

V I I.

Declarons auffi n'eftre fujet à nos mêmes droits
le vin deftiné pour fortir par la Generalité d'Amiens
hors noftre Royaume, ou pour entrer dans nos Provinces de Cambrefis, Artois, Hainault & autres où
nos Aydes n'ont point cours ; mais feront tenus les
Voituriers comme deffus de reprefenter au premier
Bureau leurs lettres de voiture, qui contiendront la
deftination ; les faire vifer par les Commis, faire
leurs foûmiffions, & bailler caution de rapporter
dans quinzaine l'acquit de nos droits de fortie, finon le temps paffé permettons au Fermier de nos
droits & à fes Commis, de decerner leurs contraintes folidaires, tant contre les principaux obligez
que contre les cautions, pour le payement du double de nos droits, qui feront executées même par
emprifonnement de leurs perfonnes.

V I I I.

Pourront les Commis du dernier Bureau de fortie marquer le vin qui y fejournera plus de vingt-
quatre heures, auquel cas il ne pourra eftre enlevé
qu'il n'ait efté démarqué, à peine de confifcation

&

& de cent livres d'amende ; & en cas de refus par les Commis, la fommation qui leur fera faite par écrit de marquer & démarquer, tiendra lieu de marque & démarque.

I X.

Sera auffi levé fur le vin vendu en détail dans les Villes, Fauxbourgs & Bourgs, compris en l'Article premier du prefent titre un fol pour pot avec l'augmentation que nous avons fixez à fix livres dix-fept fols pour chacun muid mefure de Paris vendu en détail, à pot, ou à affiette, outre nos autres droits de détail, & fur les autres vaiffeaux à proportion ; & fera le droit payé par toute forte de perfonnes de quelque qualité qu'elles foient, fans exception ny privilege.

X.

Les Marchands en gros feront tenus de declarer le vin qu'ils vendront par billets fignez d'eux ou de leurs facteurs, dont ils feront refponfables, contenans les noms & les demeures des achepteurs, avant l'enlevement, à peine de confifcation du vin non declaré, & de cent livres d'amende.

X I.

Le vin de ceux qui vendront en gros & en détail, même en des caves & en des maifons feparées, fera reputé entierement vendu en détail, à la referve du vin vendu en gros, dont ils reprefenteront les acquits.

X I I.

Défendons à tous nos Sujets de quelque qualité

qu'ils foient, de faire magazin de vin dans leurs Chafteaux, maifons des champs & villages, à peine de confifcation du vin & de cinq cens livres d'amende.

XIII.

Voulons au furplus, que pour l'exercice & la perception du Droit, foient obfervez les Reglemens que nous avons faits pour nos autres droits de détail dans les lieux où nous les avons fixez.

DES DROITS DE MARQVE
fur le Fer, Acier & Mines de Fer.

ARTICLE PREMIER.

NOs droits fur le fer, acier & mines de fer, feront levez à raifon de treize fols fix deniers pour quintal de fer, dix-huit fols pour quintal de quinquallerie groffe & menuë, vingt fols pour quintal d'acier, & de trois fols quatre deniers pour quintal de mines de fer, à quoy nous les avons fixez, le tout fur le pied de cent livres poids de marc pefant pour quintal.

I I.

Il fera au choix du Fermier de nos droits, de s'en faire payer par quintal de fer, fuivant l'article precedent, ou par quintal de gueuze ; lefquels droits pour quintal de gueuzes nous avons fixez à huit fols neuf deniers.

I I I.

Enjoignons aux Maîtres des Forges de couler les gueuzes en des moules numerotez, en forte qu'elles foient marquées, un, deux, trois, & ainfi confecutivement jufqu'à la fin d'un même ouvrage, tant que le premier feu durera, pour eftre enfuite par eux pefées. Defquels nombres & poids ils tiendront un fidele regiftre qu'ils reprefenteront aux Commis

lorſqu'ils feront leurs viſites , le tout à peine de confiſcation & de cent livres d'amende.

I V.

Leur défendons de marquer d'un même nombre
deux ou pluſieurs gueuzes d'un même feu & ouvrage , à peine de confiſcation des gueuzes qui ſe trouveront marquées du même nombre que celles qui
auront eſté repreſentées aux Commis , & de cent livres d'amende.

V.

Seront tenus les Maîtres des Forges à chacun des
ouvrages du fourneau , & au changement de feu, de
recommencer à numeroter & marquer les gueuzes
par premier , deux , trois , & ainſi conſecutivement
juſques à un nouveau feu , & de les mettre dans un
lieu ſeparé de celles qui reſteront du feu precedent,
à peine de confiſcation & de cent livres d'amende.

V I.

Ne pourront les Maîtres des Forges mettre ou
remettre le fourneau en feu, ſans avertir par écrit les
Commis du jour & de l'heure, à peine de confiſcation des gueuzes qui en feront provenuës juſqu'au
jour de l'avertiſſement , & de trois cens livres d'a-
mende.

V I I.

Les Commis verifieront le nombre & le poids
des gueuzes, dont ils feront mention ſur leurs livres,
& en cas de fraude ils dreſſeront leurs Procés verbaux , feront les pourſuites , viſites , exercices & inventaires ; decerneront & feront executer les contraintes,

traintes, le tout ainſi que pour nos droits d'Aydes de détail ſur le vin.

VIII.

Les Proprietaires des forges & fourneaux demeureront reſponſables ſolidairement avec les Maîtres des Forges, de ce qui ſera dû de nos droits pour les derniers trois mois precedans le jour que les Maiſtres des Forges les auront abandonnées, ſauf au Fermier de nos droits qui aura negligé de s'en faire payer, à ſe pourvoir pour le ſurplus contre les Maiſtres des Forges ſeulement.

IX.

Ceux qui ont des mines de fer dans leur fonds ſeront tenus à la premiere ſommation qui leur ſera faite par les Proprietaires des fourneaux voiſins d'y eſtablir des fourneaux, pour convertir la matiere en fer; ſinon permettons aux Proprietaires du plus prochain fourneau, & à ſon refus, aux autres Proprietaires des fourneaux de proche en proche, & à ceux qui les font valoir, de faire ouvrir la terre, & d'en tirer la mine de fer, en payant aux Proprietaires des fonds pour tout dédommagement un ſol pour chacun tonneau de mine de cinq cent peſant.

X.

Seront levez pareils droits ſur le fer, fonte & acier qui ſeront tranſportez des pays eſtrangers, ou

O o

de nos Provinces dans lesquelles les droits ne seront point establis , & qui entreront dans celles qui y sont sujettes.

XI.

Défendons à tous Marchands tant Estrangers qu'autres, qui ameneront du fer doux ou aigre , fonte & acier , ouvré & non ouvré des Pays estrangers, ou de nos Provinces non sujettes à nos droits en celles où ils ont cours, de passer outre les premiers Bureaux sans declarer, & sans y payer nos droits, à peine de confiscation , & de cinq cens livres d'amende.

XII.

Declarons sujette à nos droits la quinquaillerie grosse & menuë, mesme celle passant sous le titre de mercerie, qui sera amenée des Pays estrangers en l'estenduë de la Ferme ; Défendons de passer les Bureaux sans declaration & Acquit , sur les peines contenuës en l'Article precedent.

XIII.

Défendons d'exiger aucuns droits sur la grosse & menuë quinquaillerie qui est faite dans l'estenduë de la Ferme , & sur celle venant des Provinces où nos droits n'ont point cours , à peine de concussion.

X I V.

Declarons sujettes à nos droits , les mines de
fer qui seront transportées dans les Pays estrangers,
ou dans nos Provinces non sujettes à nos droits;
défendons aux Marchands & Voituriers de passer
outre les premiers Bureaux de leur route sans en farie
declaration , & sans y payer nos droits, à peine de
confiscation , & de cinq cens livres d'amende.

X V.

Seront sujets au payemeut de nos droits les Fermiers de nostre domaine & les Proprietaires des
Forges de quelque qualité qu'ils soient ; mesme
les Ecclesiastiques , pour celles qui sont du temporel de leurs Benefices , encore qu'ils les fassent valoir par les mains de leurs domestiques.

DES DROITS DE MARQVE

ET DE CONTROLLE DU PAPIER.

ARTICLE PREMIER.

NOs droits de marque fur le papier feront le-vez dans toutes nos Provinces où il eft fa-çonné, à raifon du poids & de la qualité, fuivant la fixation que Nous en avons faite par le Tarif at-taché fous le contre-fcel des Prefentes.

II.

Enjoignons aux Maiftres des moulins à papier de declarer de mois en mois au plus prochain Bureau de la Ferme, la fituation de leurs moulins, le poids des drapeaux qu'ils y ont & ailleurs dans leurs ma-gazins ; la quantité, le poids & la qualité des pa-piers qu'ils ont façonnez, à peine de confifcation des drapeaux & des papiers non declarez, & de cent livres d'amende.

III.

Leur enjoignons fur les mefmes peines de decla-rer & figner les enfeignes & marques qu'ils font or-dinairement fur le papier qu'ils ne pourront chan-ger, qu'auparavant ils n'en ayent adverty par écrit le Fermier de nos droits, aufquelles enfeignes ils joindront les premieres lettres de leurs noms & fur-noms.

IV.

I V.

Leur défendons fur les mefmes peines de tenir des drapeaux & papiers, hors les moulins & magazins par eux declarez.

V.

Permettons aux Commis de faire leurs vifites quand bon leur femblera dans les moulins & dans les magazins pour y prendre par Inventaire les drapeaux & les papiers qu'ils y trouveront, & dreffer les procés verbaux des fraudes fur les mefmes peines, à mefme fin, & en la mefme maniere qu'il eft pratiqué pour les droits de nos autres Fermes.

V I.

Seront tenus les Maiftres des moulins à papier de le tranfporter dans les lieux où nos Bureaux font établis un mois aprés qu'il aura efté collé, pour y eftre marqué, & nos droits payez; defquels lieux il ne pourra eftre enlevé, qu'il n'ait efté emballé en prefence des Commis, le tout à peine de confifcation & de cent livres d'amende.

V I I.

N'entendons neanmoins qu'aucune marque foit apposée fur le papier fabriqué en nos Provinces d'Auvergne, & d'Angoumois.

V I I I.

Les Commis tiendront regiftre des pilles qu'ils auront trouvées dans les moulins, des declarations qui auront efté faites par les Maiftres des moulins & leurs prépofez, enfemble du jour de l'embalage du papier , & fera foy ajoûtée au regiftre jufqu'à infcription de faux , en y obfervant pour les de-clarations, interpellations , & refus de figner , les mefmes formalitez que dans les exercices de nos autres Fermes.

I X.

Les Voituriers par eau & par terre chargez de la conduite des papiers feront porteurs de Lettres de voiture en bonne forme , à peine de confifca-tion des papiers , bateaux , charrettes & chevaux & de cinq cens livres d'amende.

X.

Le Fermier de nos droits mettra au Greffe de l'Election des lieux où fes Bureaux feront établis une empreinte de fa marque pour y avoir recours en cas de falfification.

X I.

Nos droits de controlle que nous avons fixez à un fol quatre deniers pour chacune rame , feront levez fur le papier entrant par eau & par terre en noftre bonne Ville & Fauxbourgs de Paris, pour y eftre confommé.

X I I.

Enjoignons aux Voituriers tant par eau que par terre de reprefenter leurs Lettres de voiture en bon-ne forme aux Bureaux des Barrieres portes & ports, qui feront vifées par les Commis , reprefenter les acquits contenant la quantité des rames de papier, d'y prendre des billets d'envoy pour le Bureau de la recepte,& d'y conduire les papiers à droiture pour

y eftre controllez , & nos droits payez, le tout à
peine de confifcation & de cent livres d'amende.

X I I I.

Les rames non marquées qui feront amenées
des Provinces où nos droits de marque font établis , feront confifquez & les proprietaires & voituriers condamnez folidairement en cinq cens livres d'amende.

X I V.

Seront tenus les Marchands aufquels l'adreffe
fera faite de retirer le papier du Bureau quinze jours
aprés la fommation qui leur en fera faite par écrit,
finon le temps pafsé , permettons au Fermier de
nos droits de le vendre pour en rendre le prix aux
Marchands , déduction faite de nos droits & des
frais.

DES DROITS
SUR LE PAPIER
ET PARCHEMIN TIMBRE'.

ARTICLE PREMIER.

NOs droits fur le papier & parchemin timbré feront levez à raifon de deux fols pour feüille de grand papier de quatorze pouces de haut fur dix-fept pouces de large , un fol fix deniers pour feüille de moyen de douze pouces de haut fur feize pouces de large , un fol pour feüille de petit de neuf pouces de haut fur treize pouces & demy de large, huit deniers pour demy feüille & fix deniers pour quart , vingt fols pour peau de parchemin , quinze fols pour demy peau , fix fols pour le quart, cinquiéme ou fixiéme , cinq fols pour chacun rolle en cahier , & pareille fomme de cinq fols pour toute forte de quittance.

II.

Ne fera payé que deux fols pour chacune des quittances qui feront délivrées par les rentiers affignez fur l'Hoftel de noftre bonne Ville de Paris.

III.

Ne fera auffi payé que la moitié du droit pour les declarations qui feront fournies au papier terrier de noftre domaine.

IV.

I V.

Toutes Requeftes, Exploits, Ecritures, Procedures, Jugemens, Arrefts, Declarations de dépens
executoires, commiffions, extraits, collations & ge-
nerallement tous actes & expeditions de quelque
qualité qu'elles foient tant en matiere civile que
criminelle, faites par tous Juges, Advocats, Procureurs, Greffiers, Huiffiers, Sergens, & autres
Officiers & Miniftres de la Juftice, mefme des Officialitez, ne pourront eftre prefentées, receües, executées ny fervir en Juftice, fi elles ne font écrites
fur papier ou parchemin timbré, ce que nous voulons avoir lieu tant pour les Originaux que pour
les copies faites & fignifiées depuis le premier Avril
mil fix cent foixante-treize.

V.

Et pour les Lettres de nos Chancelleries où il y
aura partie requerante ou impetrante.

V I.

Et pareillement pour les hommages, aveus, dénombremens, Declarations, Contrats de mariage,
acquifitions, permutations, donations, tranfa-
ctions, baux, fous-baux, conftitutions, obligations,
procurations, quittances, tous autres contrats &
actes paffez pardevant Notaires de quelque qualité qu'ils foient, mefme les Notaires Apoftoliques,
& generalement tous actes qui font délivrez par
perfonnes publiques.

Q q

V I I.

Les Regiftres des Univerſitez, Facultez, Corps des Marchands, Communautez Laïques, Ecclefiaſtiques, Seculieres, Regulieres, Hoſpitaux, Fabriques, Confrairies, Curez, Vicaires, Recteurs, & autres Superieurs Ecclefiaſtiques, Secretaires des Archeveſques, Eveſques, Abbez, & Chefs d'Ordre, & de leurs Grands Vicaires & Oeconomes, Adminiſtrateurs, Syndics, Marguilliers, Fabriciens, Greffiers, Procureurs, Receveurs des Confignations, des Tailles, Decimes, & autres, Commiſſaires aux Saiſies Réelles, Commiſſaires pour les Sequeſtres, & biens faiſis, Directeurs des Creanciers, Fermiers de nos Droits, Commis à la Regie Recepte & Controlle, Concierges des Priſons, Meſſagers, Maiſtres des Coches & Caroſſes, Negotians & Marchands, Banquiers, Courtiers, & autres de pareille qualité.

V I I I.

Les Repertoires des Notaires, les Rolles des Tailles, de l'Impoſt du Sel, des Decimes, & des autres droits.

I X.

Les Mandemens, Viſa, Lettres d'Ordre, de Maître és Arts, Bachelier, Licentié, Docteur, Nominations, Proviſions, Collations, & autres Lettres & Actes qui s'expedient dans les Secretariats des Archeveſques, Eveſques, & autres Prelats, dans les Greffes des Officialitez & Univerſitez, & par toutes autres Communautez Laïques, Ecclefiaſtiques, feculieres & regulieres.

X.

Les Affiches, Placards, Billets, Publications d'Arrefts, Sentences, Ordonnances, Monitoires, &
generalement tous Actes qui feront publiez aux
Profnes des Paroiffes ou Affichez aux portes des
Eglifes par ordre de Juftice, de nos Officiers ou autres, des Fermiers de nos droits, & des Seigneurs
particuliers.

X I.

Les Quittances, Actes & Expeditions tant de nos
Revenus Cafuels, que de ceux des Seigneurs Apan-
nagez ou Engagiftes de noftre Domaine, & des autres Seigneurs Ecclefiaftiques ou Laïques.

X I I.

Les Recepiffez, Acquits, Certificats, Bulletins,
Paffeports, Paffavans, Congez, Dépris, Contraintes,
Quittances, Ampliations, & autres Actes qui feront
délivrez par les Treforiers, Receveurs Generaux de
nos Finances, Receveurs des Tailles, Fermiers de nos
Droits & Octrois des Villes, Officiers de Police,
Regratiers, Commis à la diftribution du Sel, & au-
tres Prépofez à la direction & perception des droits
qui font levez fur nos Sujets ; Et generalement tous
Actes & Expeditions concernant nos Domaines,
Gabelles, Regrats, Aydes, & nos autres Fermes,
Tailles, Decimes, Octrois, Police & Charges de
Villes.

X I I I.

Les Declarations, Soûmiffions, & copies des Pieces
qui doivent eftre fournies aux Bureaux des Fermes.

X I V.

Les Quittances & Acquits des parties prenantes, Eſtats des Comptables, & les pieces juſtificatives ſervant à leur décharge, à l'exception neanmoins des Quittances & Décharges qui ſeront fournies aux Treſoriers de l'extraordinaire des Guerres, de la Marine, de l'Artillerie, ou à leurs Commis par les Officiers de nos Troupes & ſignées d'eux, enſemble les billets de Logemens de gens de Guerre, dans laquelle exception n'entendons comprendre les Eſtats ou autres Expeditions qui doivent eſtre rapportées aux Treſoriers par les Entrepreneurs des Vivres & Etapes, & autres que nous voulons eſtre écrits ſur du Papier timbré.

X V.

Les Collecteurs des Tailles ſeront tenus ſeulement de payer les droits pour ſix Quittances, du nombre de celles qui leur ſeront délivrées par an par les Receveurs des Tailles, le ſurplus demeurant à la charge des Receveurs.

X V I.

Declarons ſujets au parchemin timbré les actes qui auparavant l'établiſſement du parchemin timbré devoient eſtre écrits en parchemin, défendons de les mettre en papier.

X V I I.

Le papier ou parchemin dont le timbre fera connoiſtre la Generalité où il doit eſtre employé, ne pourra eſtre remply d'écriture en une autre Generalité, ny eſtre employé dans la meſme Generalité

à autre

à autre ufage que celuy auquel il eſt deſtiné par ſon inſcription

XVIII.

Le papier & parchemin timbré qui aura ſervy une fois pour les actes, expeditions & écritures, ne pourra plus eſtre employé à une autre expedition, ny le premier acte être barré pour en écrire un au deſſus, ou au deſſous, ou au verſo, ny le timbre eſtre couvert d'écriture, coupé ou rompu pour s'en ſervir en tout ou partie, aprés le premier acte conſommé.

XIX.

Voulons que ceux qui contreviendront aux diſpoſitions portées par ces Preſentes ſoient condamnez pour chacune contravention en trois cent livres d'amende pour la premiere fois, ſix cent livres pour la ſeconde, & mil livres pour la troiſiéme, & de plus, s'ils ſont Officiers & Miniſtres de Juſtice qu'ils ſoient interdits pour un an pour la premiere fois, & pour toûjours en cas de recidive.

XX.

Défendons à toutes perſonnes de vendre & diſtribuer du papier ou parchemin timbré, ſinon de l'ordre & pouvoir par écrit du Fermier de nos droits, ſes Procureurs & Commis, à peine de trois cent livres d'amende pour la premiere fois, & de mil livres en cas de recidive : Et à cet effet permettons aux Commis de faire leurs viſites dans les Moulins & Magazins à papier pour dreſſer leurs procés verbaux & eſtre informez des contraventions, & ſera tenu le Fermier de nos droits de mettre au Greffe de chacune Election une empreinte de ſa marque pour y avoir recours en cas de falſification.

R ij

X X I.

Ceux qui auront contrefait les Timbres & Moules du papier & parchemin, ou qui leur auront aydé à en faire le debit, feront condamnez à l'amende de mil livres, à faire amende honorable aux portes de la principale Eglife, & de la jurifdiction, & aux galeres pour cinq ans; & en cas de recidive aux galeres à perpetuité.

X X I I.

La connoiffance des contraventions appartiendra en premiere Inftance aux Officiers de nos Elections, & par appel en noftre Cour des Aydes.

Voulons que le prefent Reglement foit gardé & obfervé, à commencer au premier Octobre de la prefente année; abrogeons toutes Ordonnances, Reglemens, Stils & Ufages differens, ou contraires aux difpofitions y contenuës: Si Donnons en Mandement à nos amez & feaux les Gens tenans noftre Cour des Aydes à Paris, Officiers de nos Elections, & tous autres qu'il appartiendra, que ces Prefentes ils gardent, obfervent & entretiennent, faffent garder, obferver & entretenir, & pour les rendre notoires à nos Sujets, les faffent lir, publier & enregiftrer; Car tel eft noftre plaifir: Et afin que ce foit chofe ferme & ftable à toûjours, Nous y avons fait mettre noftre fcel. Donne' à Fontainebleau au mois de Juin, l'an de grace mil fix cent quatre-vingt: Et de noftre Regne le trente-huitiéme. Signé, LOUIS; *& plus bas*, Par le Roy, Colbert.

ESTAT ET TARIF

DES DROITS QUE LE ROY EN SON

Conseil veut & ordonne estre levez à l'entrée de la Ville , Fauxbourgs , & banlieuë de Paris , sur les bois ouvrez , à bâtir, de sciage, charonnage & autres;   .

Sçavoir,

Pour chacun cent de bois de brin de toutes longueurs & grosseurs reduit au cent de pieces fourny de quatre au cent, & onze cent pour milier, trente livres, cy   xxx.liv.

Pour chacun cent de solives de toutes longueurs reduites au cent de pieces fournies comme dessus au compte des Marchands, vingt-quatre livres, cy   xxiv. l.

Pour chacun cent de poteaux de toutes longueurs reduit à la piece au compte des Marchands, fourny comme dessus, vingt livres, cy   xx. l.

Pour chacun cent de chevrons, reduit, sçavoir celuy de quatre pouces, à raison de quatre toises & demy pour piece, & celuy de trois & quatre , à raison de six toises

pour piece, payera pour chacun cent, reduit comme deffus & fourny , vingt li-
vres, cy   xx. l.
Pour chacun cent de fciage de planche de
douze pieds de longueur & de douze pouces & demy d'épaiffeur, reduit à la toife,
fourny les quatre au cent , & onze cens
pour milier, fix livres, cy   vj. l.
Pour chacun cent de fciage de neuf pieds,
reduit comme deffus, cinq livres, cy   v. l.
Pour chacun cent de fciage de fix pieds,four-
ny comme deffus, trois livres, cy   iij l.
Pour chacun cent de fciage entablé de noyer,
fourny de quatre au cent,douze livres, cy xij. l.
Pour chacun cent de noyer, cormier & poi-
rier en planches, membrures & chevrons,
reduit & fourny comme deffus , cinq li-
vres, cy   v. l.
Pour chacun cent d'étaux de haiftre fournis
au compte des Marchands de cent quatre
toifes pour cent, trente-cinq livres, cy   xxxv. l.
Pour chacun cent de fciage de fapin & haiftre en planches, membrures & chevrons,
fournis comme deffus, trois livres, cy   iij. l.
Pour chacun cent de fciage de vollile, fourny comme deffus, quinze fols, cy   xv. f.
Pour chacun milier de goberge au compte
des Marchands, trois livres, cy   iij. l.
Pour chacun cent de contrelattes de fciages
à deux toife pour une, trois livres, cy   iij l.

Pour

Pour chacun millier de lattes carrées, à vingt
  bottes pour millier, une livre, cy   i. l.
Pour chacun millier de lattes volliles à quarante bottes pour millier, deux livres, cy   ij. l.
Pour chacun charriot de bois de sapin fonci-
  ne, trois livres, cy   iij. l.
Pour chacun cent de bottes de grosses perches pour les jardinages, trois livres, cy iij. l.
Pour chacun cent de petites perches à deux
  cens bottes pour cent, une livre dix sols, cy j. l.   x. s.
Pour chacun cent de petites perches à Tour-
  neurs fourny de quatre au cent, quinze
  sols, **cy**   xv. s.
Pour chacun cent de perches moyennes ser-
  vans ausdits Tourneurs, & fourny com-
  me dessus, deux livres, cy   ij. l.
Pour chacun cent de grosses perches servans
  ausdits Tourneurs, & fourny comme des-
  sus, trois livres, cy   iij. l.
Pour chacun cent de gentes, une livre dix
  sols, **cy**   j. l.   x. s.
Pour chacune charretée de rets d'un cent &
  demy, une livre dix sols, cy   j. l.   x. s.
Pour chacune charretée d'essieux d'un quar-
  teron, une livre dix sols, cy   j. l.   x. s.
Pour chacune charretée de moyeux conte-
  nant cinq toises, une livre dix sols, cy   j. l.   x. s.
Pour chacune charretée de fléches conte-
  nant douze pieces, une livre dix sols, cy j. l.   x. s.
Pour chacune charretée de limons conte-

nant dix pieces , une livre dix ſols , cy   j. l.   x. ſ.

Pour chacune charretée de timons conte-
nant cinquante pieces, une livre dix ſols, cy j. l.   x. ſ.

Pour chacune charretée d'autres bois de charonnage , une livre dix ſols , cy   j. l.   x. ſ.

Pour chacun cent de toiſes de goutieres ,
quinze livres , cy   xv. l.

Pour chacun cent de bottes d'échalats fourny à raiſon de cent vingt bottes, pour cent
trois livres , cy   iij. l.

Pour chacune charretée de noyer en loupe
& racine, trois livres , cy   iij. l.

Pour chacun millier de bois merien au compte des Marchands , S ç a v o i r : Pour celuy de trois pieds de longueur , deux pieces
pour une , & trois pieces pour celuy de
deux pieds, quatre livres , cy   iv. l.

Pour chacun cent de ſciage de bois d'aulne ,
peupliers, & autres bois blancs, fourny de
quatre au cent, & douze cents pour millier, deux livres , cy   ij. l.

Fait & arreſté au Conſeil Royal des Finances , tenu à ontainebleau le onziéme jour de Iuin mil ſix cent quatre-vingt. Signé, C o q u i l l e.

ESTAT ET TARIF

DES DROITS DE MARQUE
& de Contrôlle que le Roy en son Conseil veut & ordonne estre levez sur le papier qui sera façonné dans le Royaume, & sur celuy qui entrera en la Ville & Fauxbourgs de Paris.

POur chacune rame de papier du poids de six livres, quatre sols.   iv. s.

Pour celle de six à douze livres, cinq sols.   v. s.

Pour celle de douze à dix-huit livres, six sols. vj. s.

Pour celle de dix-huit à vingt-quatre, sept sols.   vij. s.

Pour celle de vingt-quatre à trente, huit sols. viij. s.

Pour chacune rame de papier gris, bleu & brun, de quelque poids qu'elle puisse estre, deux sols.   ij. s.

Outre lesdits droits, il sera levé sur chacune rame de papier entrant dans la Ville & Fauxbourgs de Paris, un sol quatre deniers. j. s.   iv. d.

Fait & arresté au Conseil Royal des Finances, tenu à Fontainebleau le onziéme Iuin mil six cent quatre-vingt.
Signé, COQUILLE,

VEu par la Cour, les Chambres assemblées, les Lettres patentes en forme d'Edit du Roy, données à Fontainebleau au mois de Juin mil six cent quatre-vingt, Signées LOUIS, & plus bas COLBERT, & scellées du grand Sceau de cire verte en lacqs de soye rouge & verte, & contre-scellées, portant Reglement general pour les Fermes des droits d'Entrée & d'Aydes, en suite de laquelle sont deux Tarifs des Droits y mentionnez, arrestez au Conseil Royal des Finances le onziéme dudit mois de Juin, signé Coquille: Conclusions du Procureur General du Roy, oüy le rapport de Maître Antoine le Feron Conseiller : Et tout consideré. La Cour a ordonné & ordonne que ledit Edit & Tarifs seront regiftrez au Greffe d'icelle , pour estre executez selon leur forme & teneur ; & que copies collationnées seront envoyées és Sieges des Elections du ressort d'icelle, à la diligence du Procureur General du Roy, pour y estre leuës, publiées, l'Audience tenant, à la diligence des Substituts du Procureur General du Roy, qui certifieront ladite Cour de leurs diligences , au mois. FAIT à Paris en la Cour des Aydes , le vingt un Juin mil six cent quatre-vingt. Signé, DU PUY.

TABLE

DES TITRES CONTENUS
en l'Ordonnance des Aydes & Entrées.

DROITS D'ENTRE'ES DANS LA Ville & Fauxbourgs de Paris, sur le vin & autres boissons.

PRIVILEGE DV ROY.

LOUIS par la grace de Dieu Roy de France & de Navarre à nos amez & feaux les Gens tenans nos Cours de Parlement, Grand Confeil, Baillifs, Senefchaux, & tous autres nos Jufticiers & Officiers qu'il appartiendra, Salut. Nous avons envoyé à noftre Cour des Aydes les Reglemens que nous avons fait dreffer pour la levée des droits de nos Fermes. Et dautant qu'il importe de les rendre publics, afin que nos Juges foient inftruits de la regle que nous voulons eftre obfervée, & les Redevables de nos droits, qui ont efté incertains par le defaut d'un Reglement general tel que celuy que nous avons arrêté; Que pour cet effet il foit promptement imprimé & debité à un prix raifonnable; Bien informez de l'intelligence de noftre amé François Muguet l'un de nos Imprimeurs ordinaires, A CES CAUSES Nous l'avons choifi & nommé, & par ces prefentes fignées de noftre main le choififfons & nommons pour imprimer feul nofdites Ordonnances & Reglemens pour nos droits de Gabelles, Aydes & Entrées, Cinq groffes Fermes, & autres nos Fermes & droits d'icelles. Voulons qu'il les imprime feul, fans que nos autres Imprimeurs ordinaires puiffent pretendre avoir droit de les imprimer en vertu des Lettres que nous leur avons cy-devant accordées, aufquelles nous avons entant que befoin eft derogé pour ce regard. Defendons à toutes perfonnes, de quelque qualité & condition qu'elles foient, de les imprimer, vendre ny debiter, fous quelque caufe & pretexte que ce

puisse estre , pendant l'espace de quinze années à compter du jour
de ces Presentes , sans l'expresse permission dudit Muguet, ou de celuy ou ceux qui auront droit de luy , nonobstant tous Privileges ob-
tenus ou à obtenir , à peine de dix mil livres d'amende , applicable
un tiers à Nous, un tiers à l'Hospital General de Paris, & l'autre
tiers audit Muguet , ou à celuy ou ceux qui auront droit de luy , confiscation des Exemplaires contrefaits, & de tous dépens, dommages
& interests. Voulons aussi que selon qu'il est accoûtumé d'estre pratiqué , il soit tenu de mettre deux Exemplaires de chacun desdits Livres
en nostre Bibliotheque publique, un en celle du Cabinet de nos Livres en nostre Chasteau du Louvre , & un en celle de nostre tres-cher
& féal le Sieur le TELLIER Chevalier Chancelier de France, avant que
de les exposer en vente. SI VOUS DONNONS EN MANDEMENT
que ledit Muguet & celuy ou ceux qui auront droit de luy vous ayez
à maintenir & garder en la pleine & entiere Joüissance de la faculté à
luy octroyée par ces presentes , sans souffrir qu'il luy soit donné aucun
trouble ou empeschement, sous quelque cause ou pretexte que ce soit.
Voulons aussi qu'en mettant au commencement ou à la fin desdits Livres
copie des Presentes ou un Extrait d'icelles, Elles soient tenuës pour
deuëment signifiées, & que foy y soit ajoûtée, & aux copies collationnées par un de nos amez & féaux Conseillers & Secretaires comme
à l'Original. Et en cas de contravention, nous en reservons la connoissance à Nous & à nostre Conseil , & l'interdisons à tous nos autres Officiers & Justiciers. Mandons au premier nostre Huissier ou
Sergent sur ce requis de faire pour l'execution des presentes toutes
significations , défenses , saisies , & autres actes de Justice requis
& necessaires en tous les Païs , Terres & Seigneuries de nostre obeïs-
sance, sans demander autre permission , nonobstant Clameur de Haro,
Charte Normande, & autres choses à ce contraires, ausquelles Nous
dérogeons entant que besoin est. CAR tel est nostre plaisir. DONNE'
à Calais, le vingt-deuxiéme jour du mois de Juillet , l'an de grace,
mil six cent quatre-vingt ; Et de nostre regne le trente-huitiéme:
Signé. LOUIS, & plus bas, Par le Roy, COLBERT : Et seellé.

*Registré sur le Livre de la Communauté des Libraires & Imprimeurs
de Paris , le 6. Aoust 1680. suivant l'Arrest du Parlement du 8.
Avril 1653. & celuy du Conseil Privé du Roy, du 27. Fevrier 1665.
Signé, C. ANGOT Syndic.*

Achevé d'imprimer pour la premiere fois le 12. d'Aoust 1680.

Les Exemplaires ont esté fournis.